말씀과 믿음으로 날마다 성장하는
구 역 예 배
21세기 구역공과 편찬위원회

좋은 책으로 하나님의 사람을 만들어가는 엘 맨

말씀과 믿음으로 날마다 성장하는

구역예배

초판 1쇄 / 2014년 1월 1일

지은이-21세기 구역공과 편찬위원회
펴낸이-채주희

펴낸곳- 엘맨

서울시 마포구 신수동 448-6
출판등록-제10-1562호(1985,10,29)

Tel 02-323-4060,322-4477
Fax 02-323-6416

값 6,500원

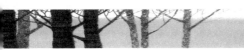

머리말

　말씀의 본질이 점점 흐려져 가는 이 시대에 말씀을 통한 양육을 하며 지역교회를 세워나가는 일은 무엇보다 중요한 일입니다.

소그룹 모임은 믿음의 형제자매들이 모여서, 첫째는 하나님께 예배를 드리며, 둘째는 서로 말씀으로 세워주며, 셋째는 성도와 성도 간에 아름다운 교제를 나누며, 넷째는 배운 것을 삶속에 적용하는 모임입니다.

우리는 소그룹 모임을 통하여 전도와 믿음의 성장과 성숙을 이루어 가야합니다. 그리고 사도행전교회처럼 모이기를 더욱더 힘쓰며 하나님나라의 공동체를 견고하게 세워나가야 합니다.

금년에도　소그룹 모임을 통하여 믿음의 형제자매들이 하나님의 말씀과 사랑을 풍성히 나눔으로 온 세상으로 흘러넘치시기를 소망합니다. 그리고 성령님의 도우심을 통하여 믿음이 장성한 분량까지 자라가며 주님의 성품을 닮아가는 은혜로운 한해가 되었으면 합니다.

본 교재는 주제별로 다루었으며 절기에 따라 정리하여 구성하였습니다. 본 교재를 사용하는 우리나라에 있는 60,000여 교회마다 음부의 권세가 흔들지 못하는 건강한 교회로 굳건하게 세워져 가며 놀라운 부흥과 성장이 있기를 소망합니다.

2014. 1. 1

21세기 구역공과 편찬위원회

공과교재의 활용지침

본 공과교재는 성경적인 강해설교를 요약 정리하여 각 교회에서 활용할
수 있도록 교재로 편집한 내용입니다. 여러 가지 미비하고 부족한 점이
있을지라도 널리 이해해 주시리라 믿습니다.

활 용 지 침

1. 먼저는 다함께 찬송을 부릅니다.
2. 구역(목장, 셀, 순)의 식구 중에 한 사람이 기도를 인도하거나 아니면
   리더가 합심기도를 인도합니다.
3. 그날 주어진 본문 말씀을 함께 교독, 혹은 합독으로 읽습니다.
4. 구역리더가 공과내용을 요약 정리하여 설명을 하거나, 구역원들이 돌
   아가면서 공과 내용을 함께 읽습니다. 그러나 미리 예습을 해오는 것
   이진행에 도움이 됩니다.
5. 나눔의 시간에 1, 2, 3번의 순서에 따라 서로 진솔하게 나눕니다.
   ① 서로 나눌 때 구역원이 소외되지 않도록 돌아가면서 나누십시오.
   ② 그러나 부작용이 생길 수 있으므로 강요하지는 말아야 합니다.
   ③ 그리고 새로 참석하신 새 가족을 배려해 주어야 합니다.
   ④ 특별히 개인적인 비밀을 나누었을 때는 비밀을 지켜주어야 합니다.
6. 함께 공유할 기도제목을 나누고, 전도할 대상자들을 위하여 합심으로
   기도하는 시간을 가집니다.
7. 마지막 찬송을 부르고 주기도문으로 모임을 마칩니다.

❀풍성한 나눔을 통하여 서로 더 깊이 알아가고 친숙해지며 건강한 공동
체로 세워질 수 있기를 소망합니다.

차 례

1월 · 비전을 품은 신앙생활

　제 1과 약속의 땅을 취하라 (신31:1-8) · 11

　제 2과 다음세대를 세우는 교회 (마16:18-19) · 15

　제 3과 흥왕 하는 교회 (행12:24) · 19

　제 4과 세력을 얻는 교회 (행19:20) · 23

2월 · 교회를 세우는 신앙생활

　제 5과 차세대를 세우라 (삿2:6-10) · 29

　제 6과 하나 된 공동체 (엡4:1-6) · 33

　제 7과 함께 지어져 가는 교회 (엡2:20-22) · 37

　제 8과 그리스도의 몸을 세우라 (엡4:11-16) · 41

3월 · 십자가를 따르는 신앙생활

　제 9과 생명의 십자가 (민21:4-9) · 47

　제10과 사순절을 맞이하는 성도의 자세 (갈3:13) · 51

　제11과 오직 십자가 복음 (갈1:6-10) · 55

　제12과 왜 예수님께서 오셨습니까? (마20:20-28) · 59

　제13과 하나님의 선물인 구원 (엡2:8-10) · 63

4월 · 승리하는 신앙생활

　제14과 평화의 왕 (마21:1-11) · 69

　제15과 입성하신 예수님 (마21:1-11) · 73

　제16과 예수님의 부활승리 (막16:1-6) · 77

　제17과 승리를 주시는 하나님 (고전15:50-58) · 81

5월·가정을 세우는 신앙생활

제18과 행복한 가정을 만듭시다 (엡6:1-4) •87

제19과 부모님을 공경 합시다 (엡6:1-3) •91

제20과 행복한 가정의 열쇠 (행7:20-22) •95

제21과 아버지의 사랑 (눅15:20-24) •99

6월·성령충만한 신앙생활

제22과 성령충만을 받으라 (엡5:18) •105

제23과 바람·불처럼 임한 성령 (행2:1-13) •109

제24과 치유와 회복 (시51:17) •113

제25과 씨뿌리는 자의 비유 (눅8:4-8) •117

제26과 바울이 전한 복음 (행28:30-31) •121

7월·실천하는 신앙생활

제27과 여호와께 감사하라 (시136:1-9) •127

제28과 재림을 맞이하는 그리스도인 (살전5:1-11) •131

제29과 좋은 이웃이 됩시다 (눅10:25-37) •135

제30과 그리스도의 좋은 병사 (딤후2:1-4) •139

8월·은혜의 신앙생활

제31과 친밀하게 다가오신 예수님 (요21:7-14) •145

제32과 기억해야 합니다 (신15:15) •149

제33과 하나님을 만난 야곱 (창32:13-28) •153

제34과 고침을 받은 나아만 (왕하5:1-7) •157

제35과 애굽으로 내려간 아브람 (창12:10-20) •161

9월 · 제자도의 신앙생활

　제36과 삼각관계의 신앙 (요15:1-7) · 167

　제37과 말씀과 성령의 두 날개 (행2:1-4) · 171

　제38과 말씀을 사모하라 (느8:1-6) · 175

　제39과 제자들에게 나타나신 예수님 (요20:19-23) · 179

10월 · 전도하는 신앙생활

　제40과 어떤 길을 걷고 계십니까? (요14:6) · 185

　제41과 거듭난 그리스도인 (요3:1-10) · 189

　제42과 잃은 것을 찾으라 (눅15:1-7) · 193

　제43과 칠십인 전도대 파송 (눅10:1-16) · 197

11월 · 감사하는 신앙생활

　제44과 그리스도의 십자가 사랑 (롬5:8) · 203

　제45과 염려하지 말라 (마6:31-33) · 207

　제46과 여호와께 감사하라 (시136:16-26) · 211

　제47과 두려워하지 말라 (마14:22-33) · 215

　제48과 용서하시는 예수님 (요7:53-8:12) · 219

12월 · 결산하는 신앙생활

　제49과 곡식과 가라지의 비유 (마13:24-30) · 225

　제50과 그러므로 깨어있으라 (마24:32-44) · 229

　제51과 성탄을 맞는 자세 (마2:1-12) · 233

　제52과 청지기의 자세 (마24:45-51) · 237

1월

비전을 품은 신앙생활

- 약속의 땅을 취하라
- 다음세대를 세우는 교회
- 흥왕 하는 교회
- 세력을 얻는 교회

제1과

약속의 땅을 취하라

성경: 신명기31:1~8

찬송: 357장 347장

"모세가 여호수아를 불러 온 이스라엘의 목전에서 그에게 이르되 너는 강하고 담대하라 너는 이 백성을 거느리고 여호와께서 그들의 조상에게 주리라고 맹세하신 땅에 들어가서 그들에게 그 땅을 차지하게 하라"(7절)

신명기서는 이스라엘 민족이 출애굽한지 40년이 되었을 때 모압 평지를 배경으로 하고 있습니다. 이스라엘 백성들이 40년 동안 광야를 맴돌다가 모압 평지에 도착하게 되었습니다. 이제 요단강만 건너면 그들이 그토록 갈망했던 가나안 땅에 들어가게 됩니다. 그 땅을 목전에 둔 모세가 고별 설교를 한 내용이 바로 신명기서입니다.

모세가 바로 왕 앞에 설 때의 나이가 80세였습니다. 가나안 땅을 목전에 두고 모압 평지에 도착 했을 때는 벌써 120세가 되었습니다. 그때 죽음을 앞둔 그가 마지막 고별 설교를 한 것입니다. 우리의 믿음에는 다음과 같은 세 가지가 필요합니다.

■ 목적지가 분명해야 합니다.

모세가 이스라엘 백성들에게 말합니다. 이제 자신의 나이가 120세가 되었다는 것입니다. 이제는 더 이상 출입을 할 수가 없고 또 하나님께서 요단강을

구역예배공과

건너지 못하게 하셨다는 것입니다. 그리고 하나님께서 모세에게 주신 말씀은 다음 세 가지입니다. 첫째는 하나님이 먼저 건너가시겠다는 것이고, 둘째는 가나안 민족들을 네 앞에서 멸하실 것이고, 셋째는 네가 그 땅을 차지하게 될 것이라는 것입니다.

이미 모세를 통해 이스라엘 백성들에게 미래의 확실한 보장을 해주신 것입니다. 그리고 자신의 사역은 여기까지이기 때문에 여호수아를 지도자로 삼고 가나안으로 건너가라는 것입니다. 우리는 목표를 분명히 세워야 합니다. 그리고 그 목표를 향해 담대하게 나가야 합니다. 그래야 우리 인생이 표류하지 않게 됩니다.

■ 강하고 담대해야 합니다.

여호수아는 모세와 비교했을 때 부족한 점이 많았습니다. 그는 모세가 훈련 받았던 것과 비교하면 내세울 만한 것이 별로 없는 사람이었습니다. 그래서 스스로 생각할 때 왜소함을 느낄 수 있었고 의기소침 할 수 있었습니다. 백성들에게 무시를 당할 수도 있었습니다. 그런 상황에서 여호수아에게 절실하게 필요했던 것은 강하고 담대한 믿음이었습니다.

그래서 모세는 여호수아에게 "강하고 담대하라"고 하였고 이스라엘 백성들을 향해서도 "강하고 담대하라!" "두려워하지 말라!" "그들 앞에서 떨지 말라!"고 하였던 것입니다. 그러면 강하고 담대해야 될 이유가 무엇일까요? 첫째는 하나님이 함께 하실 것이기 때문이고, 둘째는 하나님이 결코 떠나지 않으실 것이기 때문이라는 것입니다. 이것이 모세를 통해 주신 하나님의 약속입니다.

성경은 말씀합니다. "의인은 사자같이 담대하니라"(잠28:1). "그러므로 너희 담대함을 버리지 말라 이것이 큰 상을 얻게 하느니라"(히10:35).

■ 믿음으로 무장해야 합니다.

모세가 여호수아를 이스라엘 회중 앞에 세우고 말합니다. "너는 강하고 담대하라!" "너는 이 백성을 거느리고 여호와께서 그들의 조상에게 주리라고 맹세하신 땅에 들어가서 그들에게 그 땅을 차지하게 하라"고 하였습니다. 그렇게 하나님을 신뢰하고 나가면, 첫째는 여호와께서 네 앞서서 갈 것이며, 둘째는 너와 함께 할 것이며, 셋째는 너를 떠나지 않을 것이며, 넷째는 너를 버리지 않을 것이라고 하였습니다. 그러므로 너는 두려워하지 말고 놀라지 말라는 것입니다.

우리는 가나안의 대적들과 같은 어려움 앞에 직면할지라도 결코 두려워하지 말고 강하고 담대해야 합니다. 그러면 어떤 대적이라도 이기게 될 것입니다. 하나님께서 이스라엘 민족을 사랑하시고 아끼신 이유가 있습니다. 첫째는 하나님께서 조성하신 민족이기 때문입니다. 둘째는 보배롭고 존귀하기 때문입니다. 셋째는 하나님의 영광을 위해 지음을 받았기 때문입니다. 또한 사랑하시기 때문에 때로는 고난도 주십니다.

우리는 그 하나님을 신뢰하며 고난 속에서도 믿음으로 무장하며 나가야합니다. 그리고 각자에게 주어진 가나안 땅과 같은 목적지를 향해 믿음으로 정복하며 나아가야 합니다.

나눔의 시간

1. 오늘 본문 중에서 가장 인상적인 말씀은 무엇입니까?

....

....

....

2. 왜 그 말씀이 가장 인상적이라고 생각합니까?

....

....

....

3. 한 주간 동안 실천해야 될 말씀은 무엇입니까?

....

....

....

함께 공유할 기도제목

개인	
가정	
교회	
직장	

● ● ●

제2과

다음세대를 세우는 교회

성경: 마태복음16:18~19

찬송: 210장   552장

"또 내가 네게 이르노니 너는 베드로라 내가 이 반석 위에 내 교회를 세우리니 음부의 권세가 이기지 못하리라. 내가 천국의 열쇠를 네게 주리니 네가 땅에서 무엇이든지 매면 하늘에서도 매일 것이요 네가 땅에서 무엇이든지 풀면 하늘에서도 풀리리라 하니라"(18~19절)

교회는 어떤 사탄의 세력도 무너뜨리지 못합니다. 교회는 반석 위에 세워졌기 때문입니다. 그렇게 반석 위에 세워진 교회는 다음세대를 세워나가야 합니다. 지금 우리는 다음세대를 세워가야만 하는 매우 중요한 시점에 놓여있습니다. 모세는 하나님의 택하신 백성들을 가나안 땅까지 인도할 수 있도록 여호수아와 같은 다음세대의 지도자를 준비시켰습니다. 우리가 다음세대를 잘 세워나간다면 미래있는 교회가 될 것입니다.

■ 큐티를 통해서 개인적인 영성을 세워나가야 합니다.

과거에는 성도들이 기도원 중심의 신앙생활을 하였습니다. 영성이 떨어지면 기도원에 올라가서 영적인 공급을 받고 내려오곤 하였습니다. 그러나 현대인들은 바쁜 가운데서 다양한 삶을 살아가기 때문에 그럴 시간적 여유가 부족합니다. 어린아이로부터 어른에 이르기까지 바쁘고 다양한 시대에 살고 있기 때문

구역예배공과

15

에 우리는 공간을 뛰어넘어 큐티를 통하여 스스로 말씀을 먹는 훈련이 필요합니다. 그리고 예수님을 닮아가는 것입니다. 큐티를 통해서 스스로 말씀을 먹는 삶은 신앙의 가장 기본이 되는 삶입니다.

■ 예배로 공동체의 신앙을 회복시켜나가야 합니다.

예배는 우리의 삶에 가장 중심이 되어야 합니다. 마치 이스라엘 백성들이 광야생활을 할 때 성막을 중심으로 살았던 것처럼 예배는 우리 그리스도인의 삶의 가장 중심에 있어야 하는 것입니다. 따라서 우리는 먼저 하나님을 예배하는 예배자가 되어야 합니다. 설교자는 예배를 인도하는 영적제사장이 되어서 성도들과 함께 지성소 가운데로 들어가 그곳에 임재해 계시는 하나님을 만날 수 있도록 해주는 영적제사장 역할을 감당하는 것입니다. 주일학교 교사, 찬양대, 식당봉사 등으로 섬기는 것도 예배자의 마음을 가지고 섬겨야 합니다. 우리가 이런 자세를 가지고 섬긴다면 교회가 살아 움직이는 역동성을 가진 교회가 될 것입니다.

■ 기성세대와 차세대를 잘 연결시켜나가야 합니다.

지금의 10대, 20대를 파란세대(FARAN)라고 부릅니다. 파란세대는, ① 좌절(Frustration), ② 목표의식(Aim), ③ 위험감수(Risktaking), ④ 재미(Amusement), ⑤ 네트워크(Network)로 형성된 세대입니다. 파란세대는 사교육이 난립하고 입시지옥을 겪어야만 하는 세대이며, 대학에 들어가는 순간 한해 천만원선을 넘는 등록금 때문에 좌절을 맛보아야만 하는 세대이며, 만성화된 청년실업을 겪어야만 하는 세대입니다. 그래서 기성세대를 거부하고 어느 세대보다도 자아의식이 강하고 현실 비판적인 세대입니다.

파란세대는, ① 기획형의 삶을 살아갑니다. ② 위험요인을 기회로 삼습니다. ③ 재미가 필수적입니다. ④ 네트워크로 이루어집니다. 파란세대는 스마트폰, 페이스북과 같은 온라인상을 통해서 정보를 공유하며 살아가는 소셜네트워크 서비스(SNS)로 서로 공유하는 세대입니다. 기성세대가 품고 나아가야 하는 세대입니다.

■ 나눔을 통한 사랑의 실천을 이루어나가야 합니다.

우리는 자신이라는 울타리를 넘고, 교회라는 울타리를 넘어서 이웃을 향해 사랑의 손길을 뻗쳐나가야만 합니다. 이것이 교회가 고인 물처럼 썩지 않고 늘 새로워지는 비결입니다. 오늘날 교회 안에 왜 다툼이 일어납니까? 그 이유는 교회가 고인 물처럼 내부적으로 곪아가고 있기 때문입니다. 우리의 시선을 밖을 향해 보지 못하고, 포기의 영성을 갖지 못하기 때문입니다. 따라서 교회는 사랑의 실천을 이루어나가야 합니다.

■ 열방을 향해 선교의 열정을 품고 나가야 합니다.

우리는 영혼을 사랑하는 마음을 가지고 타문화권 선교에 최선을 다해 가든지 보내든지 해야 합니다. 갈수 없으면 보내든지, 물질로 후원을 하든지, 혹은 기도로 동참하는 것입니다. 그래서 우리는 주님의 지상명령을 따라 순종하는 삶을 살아가야 합니다.

나눔의 시간

1. 본문에서 가장 마음에 와 닿은 말씀은 무엇입니까?

_____

_____

_____

2. 왜 그 말씀이 가장 마음에 와 닿는다고 생각합니까?

_____

_____

_____

3. 한 주간 동안 실천해야 될 말씀은 무엇입니까?

_____

_____

_____

함께 공유할 기도제목

개인	
가정	
교회	
직장	

● ● ●

제3과

흥왕 하는 교회

성경: 사도행전12:24

찬송: 210장, 208장

"하나님의 말씀은 흥왕하여 더하더라"(24절)

교회는 다음세대를 바라보면서 비전을 꿈꾸며 나가는 교회가 되어야 합니다. 그 비전은 주님이 주신 비전이어야 하며 성경적인 원리에 기초를 두어야 합니다. 그렇다면 교회는 어떤 교회가 되어야 합니까?

■ 하나님 중심의 교회가 되어야 합니다.

교회는 사람중심의 교회가 아니라 철저하게 하나님중심의 교회가 되어야 합니다. 교회는 사람이 주인이 되어서는 안됩니다. 사람중심의 인본주의 교회는 마치 모래 위에 쌓은 성처럼 쉽게 무너지게 되어있습니다. 그러나 우리 하나님은 영원하십니다. 따라서 교회는 영원불변하시는 하나님중심의 교회가 되어야 합니다.

유럽의 많은 교회들은 인본주의 신학사상을 따라가다가 방향을 잃고 좌초된 교회들이 많이 있습니다. 그 이유는 하나님중심의 신앙을 잃어버리고 인본주의, 자유주의, 종교다원주의로 흘러버렸기 때문입니다. 그러나 하나님중심의 교회는 마치 반석위에 세워진 교회처럼 요동치 않습니다. 그러므로 교회는 철저하게 하나님중심의 교회가 되어야 합니다.

■ 성경중심의 교회가 되어야 합니다.

성경은 모든 진리의 표준이며 잣대입니다. 뭔가 잘못되었을 때는 즉시 성경으로 돌아가야 합니다. 16세기에 종교개혁자들은 교회가 교권주의로 부패와 타락의 길을 걷고 있을 때 '오직 성경만'(Sola Scriptura)이라는 구호를 외치며 성경으로 돌아가자고 외쳤습니다. 아무리 천지가 개벽된다할지라도 성경은 영원불변하는 하나님의 말씀이며 참된 진리입니다.

바울은 모든 성경은 하나님의 감동으로 기록된 말씀이라고 했습니다. 성경은 약 1,500년간에 걸쳐서 약 40명의 저자들에 의해서 기록된 하나님의 말씀입니다. 그리고 오랜 시대적 간격과 많은 저자들에 의해서 기록되었지만 한권의 책처럼 통일성을 가지고 있는 것은 성경의 저자가 성령님이시기 때문입니다. 우리는 하나님의 말씀인 성경을 정확하게 선포하고 전해야 될 사명을 가지고 있습니다.

■ 교회중심의 교회가 되어야 합니다.

교회라는 말은 헬라어에 '에클레시아'입니다. 에클레시아는 '세상에서 불러내었다'는 뜻입니다. 교회는 죄악 된 세상에서 불러내어 구원받은 공동체로 부름을 받은 성도들이 모인 공동체입니다. 따라서 교회는 구원받은 공동체로서 아주 특별한 공동체입니다.

이 땅에 교회를 세워주신 것은 특별한 목적과 사명을 띠고 세워주신 것입니다. 그 사명은 지역과 민족과 열방에 복음을 전하는 사명입니다. 그리고 모이면 기도하고 말씀을 공부하고, 성도 간에 아름다운 교제를 나누는 목적을 가지고 있습니다. 흩어지면 구제하고 전도와 선교하라고 교회를 세워주신 것입니다. 그래서 교회는 모였다가 흩어지는 교회가 되는 것입니다. 그러므로 교회는 철저하게 교회중심의 교회가 되어야 합니다.

■ 선교중심의 교회가 되어야 합니다.

주님께서 마지막 시대를 살아가는 우리에게 주신 사명이 있다면 그것은 바로 선교입니다. 만약에 교회가 선교적 사명을 잃어버린다면 아버지의 마음을 잃어버린 것이며 주님의 뜻을 저버린 것이나 다름없습니다. 교회는 우리끼리 모였다가 흩어지는 공동체로 끝나서는 안됩니다. 교회는 모이면 기도하고 흩어지면 구제하는 것입니다. 모이면 말씀공부하고 흩어지면 전도하는 것입니다. 모이면 예배하고 흩어지면 선교하는 것입니다.

교회는 모였다가 흩어진 곳에서 소금과 빛의 사명을 감당하는 것입니다. 예수님은 '그러므로 너희는 가서 모든 민족을 제자로 삼으라'고 명령하셨습니다 (마28:19). 그러므로 우리는 가야만 하며 누군가에게 복음을 전해야만 합니다. 전파하는 자가 없으면 어떻게 들을 수 있겠습니까? 보내심을 받지 않으면 어떻게 전파할 수 있겠습니까? 그래서 복음전하는 자들의 발이 아름다운 것입니다 (롬10:15).

그러므로 교회는 복음적인 기초위에 하나님중심의 교회, 성경중심의 교회, 교회중심의 교회, 선교중심의 교회가 되어야 합니다. 우리가 속한 교회가 철저한 복음주의적인 바탕 위에서 자유주의나 종교다원주의나 모든 이단들을 경계하고 사탄의 권세를 짓밟고 흥왕 하는 교회로 세워져서 주님의 뜻을 이루어드리는 아름다운 교회로 성장해가야 합니다.

나눔의 시간

1. 본문에서 가장 마음에 와 닿은 말씀은 무엇입니까?

_____

_____

_____

2. 왜 그 말씀이 가장 마음에 와 닿는다고 생각합니까?

_____

_____

_____

3. 한 주간 동안 실천해야 될 말씀은 무엇입니까?

_____

_____

_____

함께 공유할 기도제목

개인	
가정	
교회	
직장	

•••

제4과

세력을 얻는 교회

성경: 사도행전19:20

찬송: 209장   216장

"이와 같이 주의 말씀이 힘이 있어 흥왕하여 세력을 얻으니라"(20절)

오늘 이 시대의 교회들이 바로 서야 합니다. 그래야 교회의 영적인 권위가 세워지기 때문입니다. 이 시대의 교회들이 주님의 뜻이 무엇인지를 분별해야 합니다. 교회가 상업주의나 물량주의, 인본주의, 세속주의, 종교다원주의로 흘러서는 안됩니다. 교회는 하나님의 말씀에 굳게 서서 바른 방향성을 가지고 좌로나 우로나 치우치지 않고 십자가의 길을 걸어가야 합니다.

1. 예수님의 목양의 원리를 따라가야 합니다.

교회는 예수님께서 하셨던 사역의 원리를 따라가는 것입니다. 예수님은 공생애 기간 동안 세 가지 사역을 하셨습니다. 즉 가르치는 사역, 천국복음을 선포하는 사역, 치유하는 사역을 하셨습니다.

2. 복음의 열정을 품고 나가야 합니다.

17세기에 영국의 복음전도자였던 요한 웨슬리가 전 세계의 영혼을 품고 전도했던 것처럼 복음의 열정을 품고 나가는 교회가 되어야 합니다. 비전을 꿈꾸고,

구역예배공과

비전을 품고, 비전을 낳는 교회가 되기 위해서 최선을 다하는 교회가 되는 것입니다.

3. 사도행전교회처럼 꿈꾸며 나가야 합니다.

성령을 받고 증인된 사명을 감당하는 교회가 되어야 합니다. 세상을 품고 나가는 월드 크리스천(World-Christian)이 되는 것입니다. 교회는 어떤 방향성을 가지고 나가느냐가 중요합니다. 교회의 방향성은 마치 나침반과도 같은 것입니다. 교회는 빠르기의 문제가 아니라 방향성의 문제입니다.

■ 성령에 의해 움직이는 교회가 되어야 합니다.

교회의 머리는 예수 그리스도이십니다. 교회는 성령님이 이끌어 가시는 교회가 좋은 교회요, 행복한 교회입니다. 교회는 사람의 뜻이나 생각이나 욕심으로 이끌어가서는 안됩니다. 교회는 철저하게 성령님이 이끌어 가시는 교회가 되어야 합니다. 그럴 때 성령의 역사가 나타나는 것입니다.

■ 비전에 의해 움직이는 교회가 되어야 합니다.

성령이 부어질 때 젊은이들이 비전을 본다고 말씀하고 있습니다. 비전의 열쇠는 성령님께 있습니다. 따라서 교회는 성령께서 주신 비전에 따라 움직여야 합니다. 교회의 어린이들과 청소년들과 청년들과 온 성도들이 환상을 보고, 꿈을 꾸고, 비전을 바라보고 나가야 하는 것입니다.

■ 평신도에 의해 움직이는 교회가 되어야 합니다.

사도행전교회를 움직이는 동력은 성령 받은 평신도들이었습니다. 흩어진 유대인들이 전 세계로 흩어져서 가정교회를 이루었습니다. 그리고 평신도들이 주최가 되어 사역을 이루어나갔습니다. 이것이 평신도의 위력입니다. 영국의 짐 그레함은 평신도를 '잠자는 거인'(Slipping Giant)라고 했습니다. 교회는 목회자와 평신도가 함께 사역을 이루어가는 곳입니다.

■ 소그룹이 활성화되는 교회가 되어야 합니다.

소그룹은 마치 세포조직과 같습니다. 소그룹이 생명력이 있으면 건강한 교회가 됩니다. 건강한 교회는 자라게 되어있습니다. 살아있는 소그룹이 되기 위해서는 구성원 하나하나가 예수님의 심장을 가져야 합니다. 그리고 영혼을 사랑하는 마음을 가지고 복음의 열정을 가져야 합니다.

■ 지역사회에 영향을 주는 교회가 되어야 합니다.

교회가 지역사회에 영향을 주기 위해서는 지역사회와 친화적인 교회가 되어야 하며 또한 선한 영향력을 끼쳐야 합니다. 그리고 세상을 변화시켜나가야 합니다. 그럴 때 구원의 수가 더해질 것입니다.

■ 세계선교를 감당하는 교회가 되어야 합니다.

세계선교는 주님의 재림을 통한 종말과 관계가 있습니다(마24:14절). 선교는 주님의 마지막 지상명령입니다. 땅 끝까지 복음이 전파되는 것과 함께 세상의 종말이 온다는 것입니다. 종말을 살아가는 우리 성도는 분명한 복음의식을 가지고 영혼을 구령해야 합니다. 사도행전교회는 사탄의 방해세력에도 불구하고 성령의 권능을 통하여 하나님의 말씀이 흥왕하여 세력을 더해가는 교회였습니다.

나눔의 시간

1. 본문에서 가장 마음에 와 닿은 말씀은 무엇입니까?

2. 왜 그 말씀이 가장 마음에 와 닿는다고 생각합니까?

3. 한 주간 동안 실천해야 될 말씀은 무엇입니까?

함께 공유할 기도제목

개인	
가정	
교회	
직장	

2월

교회를 세우는 신앙생활

• 차세대를 세우라

• 하나 된 공동체

• 함께 지어져 가는 교회

• 그리스도의 몸을 세우라

● ● ● ●
제5과
차세대를 세우라

성경: 사사기2:6~10

찬송: 561장   218장

"그 세대의 사람도 다 그 조상에게로 돌아갔고 그후에 일어난 다른 세대는 여호와를 알지 못하며 여호와께서 이스라엘을 위하여 행하신 일도 알지 못하였더라"(10절)

차세대는 참으로 중요한 세대입니다. 우리 사회나 교회도 마찬가지로 차세대가 없다면 미래도 없을 것입니다. 우리는 차세대에 대한 중요성을 인식하고 잘 준비하여 미래를 열어가야 합니다. 오늘 본문 사사기는 차세대가 얼마나 중요한지를 우리에게 잘 가르쳐주고 있습니다.

■ 출애굽 2세대는 여호와를 아는 세대입니다.

출애굽 2세대들은 하나님의 위대하신 일들을 체험한 여호와를 아는 세대들입니다. 그들은 과거의 출애굽 사건을 모세를 통하여 들었습니다. 바로왕 앞에서의 열 가지 재앙과 홍해바다 기적의 사건을 모세를 통하여 모압 평지에서 들어서 알고 있습니다. 그리고 광야생활은 직접적인 경험을 통해서 알고 있습니다.

목이 마를 때는 반석에서 물을 내어 마시게 해주셨습니다. 배고플 때는 만나와 메추라기를 내려주셔서 먹을 것을 공급해 주셨습니다. 그리고 죄문제를 해결 할 수 있도록 성막도 주셨습니다. 가나안 땅에 들어가서는 가나안 정복전쟁

구역예배공과

29

을 하면서 살아계신 하나님을 생생하게 경험하게 하셨습니다.

그리고 가정에서는 부모들이 자녀들에게 철저한 신앙교육을 통하여 유일하신 하나님을 가르쳐주고 하나님을 사랑하는 법을 부지런히 가르쳐주었습니다. 집에 앉았을 때에도 가르치고, 길을 갈 때도 가르치고, 누웠을 때에도 가르치고, 일어날 때에도 가르쳐주었습니다. 그리고 손목에도 말씀을 붙여놓고 암송하게 하고, 미간에 붙여놓고 암송하게 하고, 집 문설주와 바깥문에도 붙여놓고 암송하게 하였습니다. 그래서 여호와의 말씀이 그들에게서 떠나지 않게 하였을 뿐만 아니라 여호와를 잊지 않고 생생하게 기억하도록 했던 것입니다.

그리고 절기를 통해서도 여호와를 잊지 않고 기억하도록 대대로 신앙의 유산을 물려준 것입니다. 유대인들은 아기를 낳으면 첫날부터 자장가 대신 십계명을 읽어주면서 잠을 재운다고 합니다. 우리는 자녀들에게 하나님을 알 수 있도록 올바른 신앙교육을 시켜주어야 합니다. 교회에서와 가정, 그리고 삶속에서 입체적인 신앙교육이 이루어져야 합니다. 그래서 다음세대를 세워나가야 합니다.

■ 출애굽 3세대는 여호와를 알지 못하는 세대입니다.

눈의 아들 여호수아가 110세를 일기로 죽었습니다. 그런데 여호수아에게 여호와의 종이란 칭호가 붙습니다. 모세에게도 여호와의 종이란 칭호가 붙습니다. 예수 그리스도에게도 고난 받는 여호와의 종이란 칭호가 붙습니다. 여호와의 종이란 칭호는 아무에게나 붙지 않는 영광스런 칭호입니다. 출애굽 1세대를 경험하고 2세대를 이끌었던 여호수아가 죽었습니다. 세대가 또 바뀐 것입니다.

세대는 세월이 흐르면 바뀌는 법입니다.

모세의 뒤를 이어 성공적으로 이스라엘을 이끌었던 여호수아가 죽어서 에브라임 산지에 장사를 지냈습니다. 그리고 가나안 땅을 정복했던 출애굽 2세대들도 죽었습니다. 그런데 출애굽 2세대가 죽고 난 이후에 큰 문제가 발생합니다. 그 세대의 사람들도 죽고 그 후에 일어난 다음세대는 여호와를 알지 못했으며 여호와께서 이스라엘을 위하여 행하신 일을 알지 못했던 것입니다(10절).

출애굽 3세대는 불행하게도 하나님을 알지 못하는 세대가 되고 말았습니다. 하나님을 떠난 불신앙의 세대가 된 것입니다. 사사기 오늘 본문의 다음 내용을 읽으면 참으로 슬픈 사건들이 나옵니다. 다음세대들이 여호와를 버리고 바알과 아세라 우상을 섬기며 악을 행합니다. 그리고 여호와를 알지 못함으로 인한 불행한 사건들이 터집니다. 그리고 자기 소견에 옳은 대로 행하는 영적대혼란의 시대가 온 것입니다.

따라서 다음세대는 참으로 중요합니다. 우리는 다음세대를 여호와를 아는 세대로 세워가야 하며 축복의 세대로 만들어가야 합니다.

나눔의 시간

1. 오늘 본문 중에서 가장 인상적인 말씀은 무엇입니까?

_____

_____

_____

_____

2. 왜 그 말씀이 가장 인상적이라고 생각합니까?

_____

_____

_____

_____

3. 한 주간 동안 실천해야 될 말씀은 무엇입니까?

_____

_____

_____

_____

함께 공유할 기도제목

개인	
가정	
교회	
직장	

●●●

제6과

하나된 공동체

성경: 에베소서4:1~6

찬송: 22장   211장

"평안의 매는 줄로 성령이 하나 되게 하신 것을 힘써 지키라 • 몸이 하나요 성령도 한 분이시니 이와 같이 너희가 부르심의 한 소망 안에서 부르심을 받았느니라"(3~4절)

교회는 주님의 피 값으로 사신 소중한 공동체입니다. 예수님은 음부의 권세가 흔들지 못하는 반석위에 세워진 교회라고 말씀하셨습니다. 그래서 교회는 누구도 흔들 수 없는 궁극적인 승리를 거두게 되어있습니다. 주님의 교회는 인간의 생각이나 사상에 기초해서 세워진 공동체가 아니라 그리스도에 대한 신앙고백 위에 세워진 공동체입니다. 이 세상에 주님의 교회가 세워진 몇 가지 목적이 있습니다.

■ 소속을 통한 교제의 목적이 있습니다.

교회는 분명한 소속감이 있어야 합니다. 즉 성도들의 멤버십(Member ship)이 있어야 하는 것입니다. 성도 한 사람 한 사람이 교회 공동체에 대한 소속감을 가지고 함께 교제를 나누는 것입니다. 마치 포도나무에 가지가 붙어 있어야 생명이 유지가 되고, 영양분을 공급 받으며, 꽃을 피우고 열매를 맺는 것처럼, 성도는 그리스도의 몸이라고 하는 공동체에 소속이 되어야 합니다. 그

구역예배공과

래야 머리되신 주님을 중심으로 몸이 자라는 것처럼 우리의 신앙이 자라게 되는 것입니다.

교회 안에는 소그룹이 있습니다. 소그룹은 울타리 역할을 해주며 보호를 해주는 보호막이 됩니다. 양은 목장에서 보호를 받을 때 행복해집니다. 사도행전 교회 공동체는 성령으로 하나 된 영적인 한 가족이 되었습니다. 성령의 공동체, 말씀의 공동체, 나눔의 공동체, 사랑의 공동체, 선교의 공동체, 서로 축복해 주는 공동체, 그리고 아름다운 교제가 이루어지는 공동체였습니다. 그러므로 교회는 분명한 소속을 통한 교제가 이루어지는 공동체가 되어야 합니다.

■ 성숙을 이루어가는 목적이 있습니다.
평신도 제자양육을 통하여 변화를 받고 성숙한 신앙을 이루어가는 것입니다. 우리의 신앙생활의 목표는 구원이 아닙니다. 구원받은 이후에 성숙한 신앙으로 변화되어 가는 것이 신앙생활의 최종적인 목표입니다.

바울은 에베소서에서 온전한 사람을 이루어 그리스도의 장성한 분량이 충만한 데까지 이르라고 가르쳐주고 있습니다. '온전하다'는 말은 헬라어에 '카탈티조'인데 '준비를 시킨다', '갖추게 한다'는 뜻입니다. 마치 전쟁터에 나가는 군인이 전쟁을 하기 위해서 완전군장을 꾸리는 것처럼 영적전쟁터에 나가는 군인은 철저하게 준비를 해야 합니다. 그래야 사탄과 맞서 싸워 이길 수 있습니다.

그러므로 우리 성도는 날마다 영적인 성장을 이루어가야 합니다. 영적인 성장이 이루어지면 첫째는 분별하는 신앙을 갖게 됩니다. 둘째는 사람의 속임수나 간사한 유혹에 빠지지 않게 됩니다. 그러므로 우리의 신앙이 열매 맺는 신앙으로 자라가야 합니다.

■ 사역을 이루어가는 목적이 있습니다.

우리가 예수를 믿고 구원을 받습니다. 그리고 영적인 성장과 성숙을 이루어 갑니다. 그 다음에는 하나님나라를 위한 일꾼으로 세워지는 것입니다. 그래서 사역을 통해 하나님의 나라를 확장시켜 나가는 것입니다.

교회는 아직까지 구원을 받지 못하고 주일날 교회만 출석하는 교인들도 있습니다. 그리고 구원을 체험한 후에는 하나님의 말씀을 통하여 영적성장을 이루어가게 됩니다. 그리고 이제 영적성장이 이루어진 다음에는 사역을 하게 되는 것입니다. 예수님의 십자가를 지고 가는 법을 한 단계 한 단계 배워가게 되는 것입니다.

교회는 평신도들에 의해 움직이는 교회가 되어야 합니다. 각자의 은사를 발견하고 그 은사를 통하여 주님의 교회를 섬기는 것입니다. 그래서 목회자와 평신도가 함께 교회를 세워나가는 것입니다. 주님을 위해서 살고 주님을 위해서 죽을 수 있는 헌신된 사역자들을 길러내는 것입니다. 그리고 사역을 통하여 하나님의 나라를 확장시켜 나가는 것입니다.

나눔의 시간

1. 본문에서 가장 마음에 와 닿은 말씀은 무엇입니까?

....

....

....

....

2. 왜 그 말씀이 가장 마음에 와 닿는다고 생각합니까?

....

....

....

....

3. 한 주간 동안 실천해야 될 말씀은 무엇입니까?

....

....

....

....

함께 공유할 기도제목

개인	
가정	
교회	
직장	

●●●

제7과

함께 지어져가는 교회

성경: 에베소서2:20~22

찬송: 218장 220장

"너희는 사도들과 선지자들의 터 위에 세우심을 입은 자라 그리스도 예수께서 친히 모퉁이돌이 되셨느니라 • 그의 안에서 건물마다 서로 연결하여 주 안에서 성전이 되어가고 • 너희도 성령 안에서 하나님이 거하실 처소가 되기 위하여 그리스도 예수 안에서 함께 지어져 가느니라"(20-21절)

교회는 주님께서 십자가에서 흘리신 보배로운 피로 사신 몸이기 때문에 소중한 것입니다. 그래서 우리는 교회를 소중히 여겨야 합니다. 그리고 교회는 하나님의 말씀에 굳게 서서 세상과 구별된 거룩함과 순결함을 가지고 십자가의 길을 걸어가야 합니다. 그리고 성령의 파도를 타고 하나님 말씀의 가치를 소중히 여기며 목적을 향해 꾸준히 달려가야 합니다.

■ 예배하는 교회가 되어야 합니다.

교회가 존재하는 목적은 예배를 위해서 존재하는 것입니다. 예배를 통해서 하나님의 임재를 찬양하는 것입니다. 교회는 예배가 가장 중요한 위치에 있습니다. 따라서 교회는 예배를 중요하게 여기며 예배에 목숨을 걸어야 합니다. 예배가 살면 교회에 생명력이 넘치게 됩니다. 예배가 살면 성도들이 은혜를 받게 되고 기쁨과 감사가 넘치고 활력이 넘치게 됩니다. 그리고 하나님의 나라

구역 예배공과

를 확장시켜 나가는 물질도 넘쳐나게 됩니다. 따라서 교회 안에서 이루어지는 예배는 참으로 중요한 것입니다.

예배를 인체에 비유를 한다면 마치 심장부분과도 같습니다. 심장은 생명과 직결 되어 있습니다. 심장박동이 일어나야 우리 몸에 피가 순환이 되고, 생명이 유지가 되며, 건강이 유지되는 것처럼 교회 안에서 드리는 예배는 마치 심장박동과도 같은 것입니다. 그 심장박동이 예배입니다. 그래서 예배를 통해서 우리 영혼에 수혈이 되고 교회공동체와 세상에 생명의 피가 수혈이 되어서 생명의 역사를 일으키게 되는 것입니다.

예배는 온 성도가 함께 아름다운 조화를 이루어서 하나님께 영광을 돌리는 것입니다. 따라서 예배를 드리는 성도 한 사람 한 사람의 마음중심이 중요합니다. 예배는 영과 진리로 드리는 예배가 되어야 합니다. 우리가 주일예배를 드리기 위해서는 토요일부터 준비를 해야 합니다. 전날 밤부터 영적인 무장을 해야 주일예배에 승리할 수 있습니다. 우리가 참된 예배자로 나아갈 때 승리자의 삶을 살아가게 될 것입니다.

■ 영혼을 구원하는 교회가 되어야 합니다.

교회가 세워진 목적은 영혼을 구원하는데 있습니다. 하나님의 말씀을 이웃과 땅 끝까지 전파하는 것입니다. 전도는 지상명령이며 예수님의 재림과 종말과 밀접한 관계가 있습니다. 마태복음에서 예수님은 제자들에게 대 위임명령을 주셨습니다(마28:18~20).

예수님께서 대 위임명령을 제자들에게 주실 때 그냥 주시지 않습니다. 엄청난 권세와 함께 중요한 위임명령을 주십니다. 그 엄청난 권세는 하늘과 땅의 모든 권세입니다. 여기서 권세라는 말은 헬라어에 엑수시아입니다. 엑수시아는 절대적인 권세를 가리킵니다. 이 권세는 지상의 권세뿐만 아니라 온 우주의 권세를 가리킵니다. 예수님께서 이 땅의 권세와 온 우주의 권세를 주신 것입니다. 그 권세를 주시고 '그러므로 너희는 가서 세례를 베풀고 말씀을 잘 가르쳐서 지키게 하라'고 말씀하신 것입니다.

교회는 나약한 공동체처럼 보이지만 이 땅의 권세와 온 우주의 권세를 가지고 있는 공동체입니다. 그래서 겉으로 보기에는 악이 득세하고 세상이 이기는 것처럼 보이지만 궁극적으로는 교회가 승리하게 되어있습니다. 요한계시록에 보면 교회의 궁극적인 승리를 보여주고 있습니다. 종말의 때가 되면 이 세상은 온데 간 데 없어지게 될 것입니다. 그리고 세상을 붙잡고 있던 모든 어둠의 세력들은 패배하게 될 것입니다. 그리고 천년왕국이 임하게 되고 생명수가 흐르는 새 하늘과 새 땅이 임함으로서 궁극적인 교회의 승리로 끝이 나게 될 것입니다.

교회는 반드시 승리하게 되어있으며 성도들도 반드시 승리하게 되어있습니다. 아무리 악이 득세하고 어둠의 세력들이 복음전파 하는 것을 방해를 해도 결국은 복음이 승리하게 되어있습니다. 왜냐하면 이 땅의 권세와 온 우주의 권세를 가지신 분이 항상 우리와 함께 하시기 때문입니다. 교회의 본질은 영혼을 구원하는데 있습니다.

나눔의 시간

1. 본문에서 가장 마음에 와 닿은 말씀은 무엇입니까?

2. 왜 그 말씀이 가장 마음에 와 닿는다고 생각합니까?

3. 한 주간 동안 실천해야 될 말씀은 무엇입니까?

함께 공유할 기도제목

개인	
가정	
교회	
직장	

●●●

제8과

그리스도의 몸을 세우라

성경: 에베소서4:11~16

찬송: 208장 210장

"그가 어떤 사람은 사도로, 어떤 사람은 선지자로, 어떤 사람은 복음 전하는 자로, 어떤 사람은 목사와 교사로 삼으셨으니 • 이는 성도를 온전하게 하여 봉사의 일을 하게 하며 그리스도의 몸을 세우려 하심이라"(11~12절)

바울은 교회를 가리켜서 그리스도의 몸이라고 하였습니다. 교회를 잘 설명하고 있는 표현입니다. 교회는 그리스도의 몸이며 우리는 그의 지체입니다. 그래서 한 지체가 상하면 온 몸이 고통을 당하게 됩니다. 따라서 그리스도의 몸인 교회는 성령 안에서 하나 된 공동체가 되어야 하며 건강하고 아름다운 공동체가 되어야 합니다. 그렇다면 그리스도의 몸을 건강하게 세워나가려면 어떻게 해야 될까요?

■ 은사를 잘 활용해야 합니다.

하나님은 교회를 세워나가도록 우리에게 각각 은사를 주셨습니다. 어떤 사람에게는 사도의 은사를, 어떤 사람에게는 선지자의 은사를, 어떤 사람에게는 복음전하는 은사를, 어떤 사람에게는 목사와 교사의 은사를 주셨습니다. 고린도전서에 보면 더 많은 은사들이 나옵니다.

구역예배공과

41

교회성장학자인 피터 와그너에 의하면 은사를 총 28가지로 분류하고 있습니다. 예언, 섬김, 가르침, 방언, 방언통역, 목사, 선교사, 순교, 예배인도 등 다양한 은사의 종류들이 있습니다. 바울은 영적인 아들인 디모데에게 편지쓰기를 자신의 안수로 인하여 은사들이 불 일듯 일어나기를 원한다고 하였습니다.

우리가 은사를 가지고 주님을 섬기면 훨씬 더 효과적으로 섬길 수 있습니다. 하나님께서 선물로 주신 은사를 통하여 주님을 섬기면 기쁨과 감사의 열매가 맺힙니다. 누가 칭찬해주지 않아도 기쁨으로 섬깁니다. 그러므로 우리는 교회 안에서 반드시 은사를 따라 섬겨야 합니다. 자신의 은사를 발견하고 잘 활용하여 그리스도의 몸을 세워나가는 것입니다.

■ 지체들을 온전히 세워나가야 합니다.

바울은 "우리가 다 하나님의 아들을 믿는 것과 아는 일에 하나가 되어 온전한 사람을 이루어 그리스도의 장성한 분량이 충만한 데까지 이르리니"라고 말씀하고 있습니다. 먼저는 예수님을 믿고 알아가야 합니다. 그리고 온전한 사람으로 신앙이 자라 가는데 그리스도의 장성한 분량이 충만한 데까지 자라가야 합니다. 즉 성숙한 신앙으로 자라가는 것입니다.

처음에는 예수님이 어떤 분인지 잘 모르고 가족이나, 친구, 이웃을 따라 나온 사람도 있습니다. 그리고 예배를 드리면서 '예수님'이란 단어가 들어오기 시작하고, '믿음과 구원' 그리고 '천국과 지옥'이라는 단어들이 들어오기 시작합니다. 그러면서 예수님을 믿게 되고 초보적인 신앙에서 점점 자라게 됩니다. 그렇게 신앙이 자라면서 온전한 사람을 이루어가는 것입니다.

'온전케 한다'는 뜻은 '그물을 깁는다,' '갖추게 한다'는 뜻입니다. 장성한 분량의 영적단계까지 갖추게 하는 것입니다. 장성한 분량의 영적인 단계까지 자란 사람은 어떤 속임수나 유혹에도 넘어가지 않습니다.

■ 사랑으로 세워나가야 합니다.

오직 사랑 안에서 참된 것을 하라고 하였습니다. 우리가 진리를 말할 때는 사랑으로 말해야 합니다. 어떤 사람은 부부싸움을 할 때 성경말씀을 가지고 싸우는 사람이 있습니다. 그것은 대단히 잘못된 것입니다. 성경말씀은 부부싸움을 위한 도구가 아닙니다. 성경말씀을 가지고 다투면 진리의 말씀이 화살이 되고 시퍼런 정죄의 칼날이 되어서 큰 상처를 입게 됩니다. 따라서 하나님의 말씀은 항상 사랑으로 사용해야 합니다.

우리가 진리를 말할 때는 반드시 사랑으로 말해야 합니다. 대화를 나눌 때도 사랑으로 나누어야 합니다. 은사를 사용할 때도 사랑으로 사용해야 합니다. 사랑으로 사용할 때 세워지기 때문입니다. 사랑이 없이 하는 것은 울리는 꽹과리처럼 시끄러운 소음이 되고 마는 것입니다. 우리는 사랑의 말을 통하여 공동체를 세워나가야 합니다.

그러므로 그리스도의 몸인 교회공동체를 성숙하게 세워가야 합니다. 그리고 세상에 소금과 빛 된 사명을 감당하는 교회가 되어야 합니다.

나눔의 시간

1. 본문에서 가장 마음에 와 닿은 말씀은 무엇입니까?

_____

_____

_____

_____

2. 왜 그 말씀이 가장 마음에 와 닿는다고 생각합니까?

_____

_____

_____

_____

3. 한 주간 동안 실천해야 될 말씀은 무엇입니까?

_____

_____

_____

_____

함께 공유할 기도제목

개인	
가정	
교회	
직장	

3월

십자가를 따르는 신앙생활

· 생명의 십자가

· 사순절을 맞이하는 성도의 자세

· 오직 십자가 복음

· 왜 예수님께서 오셨습니까?

· 하나님의 선물인 구원

제9과

생명의 십자가

성경: 민수기21:4~9

찬송: 265장 151장

"여호와께서 모세에게 이르시되 불뱀을 만들어 장대 위에 매달아라 물린 자마다
그것을 보면 살리라·모세가 놋뱀을 만들어 장대 위에 다니 뱀에게 물린 자가 놋뱀을
쳐다본즉 모두 살더라"(8~9절)

애굽을 가까스로 빠져나온 이스라엘 백성들이 가나안 땅을 향해 진군해 가는
도중이었습니다. 에돔 땅을 통과 하려고 하는데 에돔 왕이 거절을 한 것입니다.
이스라엘 백성들은 광야의 긴 여정 가운데서 심신이 피곤하고 지친 가운데 있었
습니다. 그런데 에돔 땅을 통과하는 계획이 실패로 돌아가자 마음이 상하여
원망과 불평으로 가득하게 된 것입니다.

■ 이스라엘이 하나님을 원망합니다.

에돔 땅의 통과를 거절당한 이스라엘 백성들은 하나님과 모세를 원망하였습
니다. 애굽에서 이끌어내신 하나님을 원망하였습니다. 그리고 먹을 것도 없고
물도 없으며 하찮은 식물을 먹도록 광야로 인도해준 모세를 원망하였습니다.
말은 복이 도망가게 하는 말이 있고, 복이 굴러들어오게 하는 말도 있습니다.
축복의 언어도 있고, 저주의 언어도 있습니다. 따라서 말은 항상 조심해야 합니
다. 왜냐하면 우리가 무심코 한 말이 그대로 이루어져서 열매를 맺기 때문입니

다.

그러므로 입술에 파수꾼을 세워서 복스러운 말이 나가도록 해야 합니다. 민수기에는 "너희 말이 내 귀에 들린 대로 내가 너희에게 행하시겠다"고 하였습니다(민14:28절). 우리가 불평하고 원망하며 비판하고 정죄하는 말들이 그대로 열매를 맺게 된다는 것입니다. 그러므로 우리는 축복의 언어, 감사의 언어, 생명의 언어를 사용해야 합니다.

■ 이스라엘이 불뱀에게 물립니다.

이스라엘 백성들이 하나님을 원망하고 모세를 원망할 때 하나님이 들으셨습니다. 그리고 불뱀을 보내서서 이스라엘 백성들을 물게 하시고 많은 사람들을 죽게 하셨습니다. 그렇게 백성들이 죽어갈 때 모세가 백성들을 위해서 중보를 합니다. 그때 하나님께서 모세에게 해결 방법을 알려주십니다. 놋뱀을 만들어서 장대 위에 매달으라는 것입니다. 그래서 모세가 놋뱀을 만들어서 장대 위에 매달아 놓았습니다. 그리고 그 놋뱀을 바라보는 자마다 모두 살게 되는 역사가 일어났습니다.

어떤 문제 앞에 놓여있을 때 그 문제의 해결 방법은 기도입니다. 기도가 최선의 방법이며 구체적인 방법입니다. 기도는 문제 해결의 열쇠이기도 합니다. 기도하면 하나님께서 모든 상황과 환경을 열어주십니다. 그러므로 우리는 어려움에 처해있을 때 용기를 내어 기도하며 나아가야 합니다.

■ 십자가는 죽어가는 생명을 살립니다.

광야의 불뱀 사건은 매우 중요한 사건입니다. "뱀에게 물린 자가 놋뱀을 쳐다본즉 살더라"(9절). 광야의 불뱀 사건은 앞으로 약 1,400년 후에 일어날 예수님의 십자가 사건을 예표한 사건입니다(요3:14). 불뱀에 물린 자마다 장대 위에 달린 놋뱀을 바라보면 살게 되는 사건은 신약시대의 갈보리산 십자가 사건의 그림자적인 사건입니다. 그리고 갈보리산 십자가에 달리신 예수 그리스도를 바라보는 자마다 구원을 받는 사건은 실체적인 사건입니다.

신약시대에는 누구든지 예수 그리스도를 믿으면 구원을 받게 되었습니다. 구원은 오직 예수 그리스도를 믿음으로 받습니다. 예수님은 길이요! 진리요! 생명이 되시며 십자가는 생명의 사건입니다. 따라서 생명의 십자가에 우리의 시선을 고정시켜야 합니다. 히브리서 기자는 "믿음의 주요 온전케 하시는 이인 예수를 바라보자!"고 하였습니다. 바울은 "십자가의 도가 멸망하는 자에게는 미련한 것이요 구원을 받는 우리에게는 하나님의 능력이라!"고 하였습니다.

십자가는 능력입니다. 십자가는 자랑스러운 것입니다. 십자가는 모든 문제의 해답입니다. 십자가는 이 시대의 모든 문제의 대안입니다. 십자가는 생명을 가져다줍니다. 그 생명의 십자가를 통하여 우리 안에 생명의 역사와 기적의 역사가 일어나는 것입니다.

나눔의 시간

1. 오늘 본문 중에서 가장 인상적인 말씀은 무엇입니까?

_____

_____

_____

2. 왜 그 말씀이 가장 인상적이라고 생각합니까?

_____

_____

_____

3. 한 주간 동안 실천해야 될 말씀은 무엇입니까?

_____

_____

_____

함께 공유할 기도제목

개인	
가정	
교회	
직장	

제10과
사순절을 맞이하는 성도의 자세

성경: 갈라디아서3:13

찬송: 144장 150장

"그리스도께서 우리를 위하여 저주를 받은바 되사 율법의 저주에서 우리를 속량하셨으니 기록된 바 나무에 달린 자마다 저주 아래에 있는 자라 하였음이라"(13절)

사순절은 그리스도의 수난을 기념하는 교회의 절기입니다. 예수님의 고난은 우리 인류역사상 중요한 의미가 있으며 또한 우리가 중요한 절기로 지키고 있습니다. 사순절은 종려주일과 고난주간을 거치면서 부활절 전날까지 계속됩니다. 그렇다면 사순절을 우리가 어떻게 맞이해야 할까요?

■ 십자가를 묵상하는 기회로 삼아야 합니다.

사순절은 주님께서 나를 위하여 십자가에서 피 흘려 죽으신 주님을 깊이 묵상하는 절기입니다. 그리고 십자가와 부활을 묵상하면서 주님의 발자취를 따라가는 것입니다. 십자가는 어떤 것입니까? 십자가는 로마제국의 가장 처참한 형벌 중의 하나이며 저주와 고통의 상징입니다. 성경에 보면 십자가에 달린 자마다 저주를 받은 자라고 말씀하고 있습니다(갈3:13).

예수님은 그 저주의 십자가를 지고 가신 것입니다. 그런데 예수님께서 그 저주의 십자가를 은혜와 사랑과 축복의 십자가로 바꾸어버린 것입니다. 그래서

구역예배공과

저주 아래 놓여있던 인생이 예수님을 믿는 순간 축복의 인생으로 바뀌는 것입니다. 따라서 우리가 예수님을 믿으면 절망이 변하여 소망이 됩니다. 슬픔이 변하여 기쁨이 됩니다. 저주가 변하여 축복이 됩니다. 우리가 십자가를 바라보면 용기와 소망이 생기는 것입니다. 그러므로 우리는 영원한 십자가의 소망을 바라보며 살아야 합니다.

■ 자신을 성찰하는 기회로 삼아야 합니다.

사순절을 통하여 나의 삶을 성찰하는 기회로 삼아야 합니다. 그리고 회개와 용서와 감사로 나가는 것입니다. 그리고 말씀의 거울 앞에 내 자신을 비추어보며 내 안에 있는 죄와 탐욕과 이기심과 세상으로부터 오염된 것들을 그리스도의 보혈로 씻어내는 것입니다. 그리고 자신을 성찰하며 절제의 삶을 살아가는 것입니다.

인터넷이나, T.V 드라마, 게임, 음식, 미디어, 신앙생활에 유익하지 않은 것들을 절제하는 것입니다. 세상 미디어는 절제하고 신앙에 유익이 되는 미디어는 집중하는 것입니다. 현대인들은 많은 중독에 빠져있습니다. 그런데 그들 중에 대부분은 자신이 중독에 빠져있다는 사실을 인식하지 못한 채 살아간다고 합니다.

전문가들에 의하면, 남자들은 주로 신체에 기반을 둔 중독성향이 있다고 합니다. 즉 일이나, 운동, 도박, 마약, 알콜, 컴퓨터, 포르노 등과 같은 중독에 빠진다고 합니다. 그런데 여성들은 관계에 기반을 둔 중독성향이 있다고 합니다. 즉 낭만적인 소설이나 잡지, T.V 드라마, 등을 통해서 대리만족을 하는 것입니다.

내가 중독인가 아닌가는 통제할 능력이 있는가에 달려 있는 것입니다. 통제할 능력이 없다면 이미 중독이 되었다는 증거입니다. 그래서 우리는 주님의 도우심이 절실히 필요하며 주님의 십자가를 의지하고 나가는 것이 필요합니다. 그러므로 우리는 자신을 성찰하며 연약함을 가지고 주님의 십자가 앞으로 나아가야만 합니다.

■ 영적인 성장의 기회로 삼아야 합니다.

사순절은 우리가 말씀과 기도로 주님 앞에 더욱더 가까이 나아가는 것입니다. 하나님의 말씀을 영적인 양식으로 삼는 것입니다. 새벽을 깨우며 기도로 나아가는 것입니다. 주님은 우리의 신앙이 어린아이적인 신앙에서 영적인 성인의 신앙으로 성장해 가기를 원하십니다. 영적인 어린아이는 말하는 것과 생각하는 것과 깨닫는 것이 어린아이와 같습니다.

그러나 영적으로 장성하게 되면 어린아이의 일이 유치하게 생각되며 버리게 되는 것입니다. 영적인 성인은 모든 것을 넓은 관점에서 바라보며 사랑으로 행하게 됩니다. 그리고 사랑을 실천하게 됩니다. 히브리서 기자는 '오직 선을 행하는 것을 잊지 말고 나누어주는 것을 잊지 말라'고 하였습니다. 하나님은 이런 제사를 기뻐하신다고 말씀합니다.

우리는 선을 행하고 나누어주는 살아있는 삶의 제사를 드려야 합니다. 예수님은 네 이웃을 네 몸과 같이 사랑하라고 말씀하셨습니다. 사순절은 사랑의 실천의 기회로 삼아야 합니다. 우리가 이웃을 향해 사랑을 실천할 때 그것이 하나님이 기뻐하시는 거룩한 삶의 예배가 될 것입니다. 그러므로 우리는 사순절을 영적성장의 기회로 삼아야 합니다.

구역예배공과

나눔의 시간

1. 본문에서 가장 마음에 와 닿은 말씀은 무엇입니까?

_____

_____

_____

2. 왜 그 말씀이 가장 마음에 와 닿는다고 생각합니까?

_____

_____

_____

3. 한 주간 동안 실천해야 될 말씀은 무엇입니까?

_____

_____

_____

함께 공유할 기도제목

개인	
가정	
교회	
직장	

제11과

오직 십자가 복음

성경: 갈라디아서1:6~10

찬송: 285장   499장

> "다른 복음은 없나니 다만 어떤 사람들이 너희를 교란하여 그리스도의 복음을 변하
> 게 하려 함이라 • 그러나 우리나 혹은 하늘부터 온 천사라도 우리가 너희에게 전한
> 복음 외에 다른 복음을 전하면 저주를 받을 지어다"(7~8절)

갈라디아서는 주님의 십자가를 잘 설명해 주고 있는 서신입니다. 갈라디아서
를 '작은 로마서'라고도 부릅니다. 바울은 갈라디아서를 통해 주옥같은 십자가
복음을 전하고 있습니다. 바울은 갈라디아서를 매우 격앙된 어조로 기록하고
있습니다. 그 이유는 갈라디아 교인들 중에 '다른 복음'을 전하고 있었기 때문입
니다. 그렇다면 바울이 언급한 다른 복음은 무엇이며 다른 복음을 전하면 어떻
게 된다고 하였습니까? 그리고 우리가 전해야 될 복음은 무엇입니까?

■ 다른 복음은 없습니다.

바울은 매우 고조된 상태로 '다른 복음은 없다'고 가르쳤습니다. 그 이유는
어떤 사람들이 갈라디아교회 교인들을 꾀어서 교란 시키고 그리스도의 복음을
변질시키고 있었기 때문입니다. 요즘 이단들이 득세를 하고 있습니다. 이단들
이 그럴듯한 잘못된 교리를 가지고 교회를 교란을 시키고 있습니다. 그런 이단
들은 절대로 용납해서는 안됩니다. 교회는 이 시대에 진리를 파수하는 파수꾼

구역예배공과

역할을 해야 합니다. 그리스도의 바른 진리의 복음을 선포해야 합니다. 예수님의 제자들도 이 복음을 전했고 신약의 성도들도 이 복음을 전했습니다.

따라서 우리가 전해야 할 복음은 다른 복음이 아닌 예수그리스도의 십자가 복음입니다. 마지막 때를 살아가는 우리 그리스도인들은, 첫째는 충성되고 지혜로운 종이 되어야 합니다. 둘째는 자기가 맡은 집 사람들에게 때를 따라 양식을 나누어주는 신실한 종이 되어야 합니다. 주인이 올 때에 종이 참된 복음의 양식을 나누어주는 것을 보면 그 종은 복이 있다고 말씀합니다. 그러므로 우리는 참된 복음을 전하는 종이 되어야합니다.

■ **다른 복음을 전하면 저주를 받습니다.**

바울은 오늘 본문에서 다른 서신에서 찾아보기 힘든 격앙된 어조로 편지를 쓰고 있습니다. 그렇다면 바울이 언급한 '다른 복음'이란 무엇일까요? 다른 복음은 다름 아닌 할례 의미하고 있습니다. 할례란 무엇입니까? 할례는 아브라함 때부터 실시해온 하나님의 언약백성으로서 구원받은 하나님의 백성의 징표입니다. 그래서 할례는 이스라엘 백성들에게 매우 중요하게 취급되었습니다.

유대인 그리스도인들은 예수도 믿고, 할례도 받아야 구원을 받는다고 가르쳤습니다. 그런데 바울은 율법의 군더더기를 벗겨내고 예수를 믿는 것으로 충분한 구원의 조건이 된다고 가르쳤습니다. 바울 당시에 할례 없는 복음은 기독교 역사에 대전환을 이룬 사건이었습니다. 마치 중세시대에 코페르니쿠스가 지동설을 주장한 혁명처럼, 할례를 받지 않고도 구원받는다는 사실은 충격적인 사건이었습니다.

바울은 할례 없는 복음을 전하였습니다. 예수그리스도를 믿는 것만으로도 구원의 조건이 충분하다는 것입니다. 바울은 복음에 끼어있는 불순물들을 제거 해버렸으며 순수한 십자가 복음만 전했던 것입니다.

■ 하나님의 기쁨을 구해야 합니다.

갈라디아교회에서 어떤 유대인이 잘못된 가르침을 주었습니다. 그것은 예수 도 믿고 할례도 받아야 된다는 가르침이었습니다. 그러나 바울은 할례 없는 복음을 전했습니다. 바울이 전한 복음은 할례를 받지 않고 예수를 믿는 것만으 로도 구원받기에 충분하다고 가르쳤습니다. 구원은 십자가에 못 박히신 예수 그리스도를 믿는 것만으로도 충분하다는 것입니다.

바울이 전한 복음을 들었을 때 유대인 그리스도인들은 반감을 가졌습니다. 모세의 율법인 할례를 행하지 않고도 구원을 받는다고 가르치니까 반감을 가졌 던 것입니다. 그러나 이방인들은 할례를 받지 않아도 구원을 받는다는 바울의 복음을 매우 기쁘게 생각했던 것입니다. 그렇다고 해서 바울이 이방인들을 기 쁘게 하기 위해서 무할례를 주장했던 것은 아닙니다.

만약에 바울이 사람들을 기쁘게 하기 위한 것이었다면 그리스도의 종이 아니 라고 말합니다. 우리는 하나님을 기쁘게 하는 종이 되어야 합니다. 그러므로 우리는 하나님을 기쁘시게 해드리는 종으로 순수한 십자가 복음만 전해야 합니 다.

나눔의 시간

1. 본문에서 가장 마음에 와 닿은 말씀은 무엇입니까?

_____

_____

_____

_____

2. 왜 그 말씀이 가장 마음에 와 닿는다고 생각합니까?

_____

_____

_____

_____

3. 한 주간 동안 실천해야 될 말씀은 무엇입니까?

_____

_____

_____

_____

함께 공유할 기도제목

개인	
가정	
교회	
직장	

• • •
제12과
왜 예수님께서 오셨습니까?

성경: 마태복음 20:20~28

찬송: 305장 310장

"인자가 온 것은 섬김을 받으려 함이 아니라 도리어 섬기려 하고 자기 목숨을 많은 사람의 대속물로 주려 함이니라"(28절)

예수님께서 오신 목적이 무엇입니까? 예수님은 신성을 가지고 계신 하나님이 신데 왜 굳이 인간의 몸을 입고 이 세상에 오셨을까요? 그 이유가 오늘 본문에 나옵니다. 예수님께서 오신 중요한 목적을 살펴보면서 우리가 어떻게 그 목적 에 합당한 삶을 살아가야 할 것인가를 살펴보기를 원합니다.

■ 섬기기 위해서 오신 분입니다.

예수님은 섬김을 받으려고 오신 것이 아니라 도리어 섬기려고 오셨습니다. 예수님은 높고 높은 하늘 영광보좌를 포기하시고 이 세상에 오셨습니다. 그 목적은 섬기려고 오신 것입니다. 한마디로 예수님은 수건을 두르시고 제자들의 발을 닦아주신 것처럼 섬김의 본을 보여주시기 위해서 오신 것입니다. 어떤 분의 말처럼 기독교의 힘은 '십자가와 수건'에 있습니다.

첫째, 십자가는 죄인들을 구원하는 능력이 있습니다. 둘째, 수건은 섬김을 통한 능력이 있습니다. 예수님은 무력이 아닌 십자가와 수건으로 세상을 정복

구역예배공과

59

하셨습니다. 예수님은 십자가와 수건을 통하여 수많은 사람들에게 감동과 영향력을 주셨습니다.

세상의 성공적인 기준은 얼마나 섬김을 받는 자리로 올라가느냐는 것입니다. 세상의 구조는 지배논리 구조를 가지고 있습니다. 그러나 예수님의 정신은 오른편 뺨을 치면 왼편도 돌려대며, 속옷을 가지고자 하는 자에게 겉옷까지도 내어주고, 억지로 오리를 가게 하면 그 사람과 십리를 동행해주는 반대정신과 섬김의 정신입니다. 예수님은 세상의 성공이나 권력을 얻기 위해서 오신 것이 아니라 철저하게 섬기려고 오셨습니다.

그러나 예수님의 제자들은 서로 높은 자리를 차지하려고 경쟁하고 다투었습니다. 심지어 야고보와 요한은 어머니 살로메까지 동원하여 자신의 배경적인 힘을 빌려 높은 자리에 오르고자 하는 야망을 보여주었습니다. 그러나 예수님은 세상적인 성공을 위해서 오지 않으셨으며 철저하게 낮아지고 섬기기 위해서 오신 분입니다. 그러므로 우리는 예수님처럼 섬기는 종의 자리로 내려가야 합니다. 그리고 겸손하게 섬겨야 합니다.

■ 대속물로 주시기 위해서 오신 분입니다.

야고보와 요한이 어머니 살로메의 힘을 이용하여 예수님께 최고의 자리를 부탁했을 때 베드로를 비롯한 다른 제자들이 매우 불편한 심기를 드러냅니다. 24절에 보면 다른 열 명의 제자들이 그 형제에 대해서 분개한 모습이 나옵니다. 그때 예수님께서 말씀하십니다. "너희 중에는 그렇지 않아야 하나니 너희 중에 누구든지 크고자 하는 자는 너희를 섬기는 자가 되고 너희 중에 누구든지 으뜸

이 되고자 하는 자는 너희의 종이 되어야 하리라"(26,27).

예수님께서 서로 높은 자리를 차지하고 싶은 마음으로 다툼과 시기와 질투와 서로 마음이 분열되어있는 제자들을 부르시고 말씀하십니다. 세상의 집권자들은 자신들이 마음먹은 대로 백성들을 강압적으로 다스리고 지배하지만 너희들은 그래서는 안된다는 것입니다. 그리고 너희 중에 누구든지 첫째가 되고자 하는 자는 종이 되어야 할 것이라고 말씀하십니다.

우리가 스스로 높아지기를 원한다면 종이 될 것입니다. 그러나 낮아지고자 하면 높아질 것입니다. 겸손한 사람은 높임을 받게 됩니다. 잠언 기자는 교훈하고 있습니다. "사람의 마음의 교만은 멸망의 선봉이요 겸손은 존귀의 길잡이니라"(잠18:12). 사람의 마음의 교만은 멸망의 지름길이 되지만 겸손한 마음은 존귀함을 얻는 길잡이가 된다는 것입니다. 그러므로 우리는 겸손한 자리로 내려가야 합니다.

예수님이 오신 목적은 분명합니다. 예수님은 섬김을 받으려고 온 것이 아니라 섬기려고 오셨습니다. 그리고 자기 목숨을 십자가에 내어주시기 위해서 오셨습니다. 이것이 예수님께서 이 세상에 오신 진정한 목적입니다. 인간을 사랑하시는 사랑의 동기 때문에 오신 것입니다. 그러므로 우리는 우리의 대속제물이 되어주신 그 주님을 증거 하는 삶을 살아야 합니다.

나눔의 시간

1. 본문에서 가장 마음에 와 닿은 말씀은 무엇입니까?

_____

_____

_____

2. 왜 그 말씀이 가장 마음에 와 닿는다고 생각합니까?

_____

_____

_____

3. 한 주간 동안 실천해야 될 말씀은 무엇입니까?

_____

_____

_____

함께 공유할 기도제목

개인	
가정	
교회	
직장	

●●●
제13과
하나님의 선물인 구원

성경: 에베소서2:8~10

찬송: 524장 521장

"너희는 그 은혜에 의하여 믿음으로 말미암아 구원을 받았으니 이것은 너희에게
난 것이 아니요 하나님의 선물이라 • 행위에서 난 것이 아니니 이는 누구든지 자랑하
지 못하게 함이라"(8~9절)

십자가 신앙과 부활신앙은 우리의 신앙에 있어서 가장 중심적인 요소입니다.
그 중심적인 요소들이 있기 때문에 우리의 신앙이 생명이 있는 것입니다. 구원
은 하나님께서 주신 아름다운 선물입니다. 에베소서에 보면 하나님께서 우리
인간에게 매우 값진 구원의 선물을 주셨다고 말씀하고 있습니다. 그 구원의
선물은 하나님께서 우리에게 주신 최상의 선물이요, 최대의 선물입니다. 그렇
다면 우리가 어떻게 구원을 받습니까?

■ 구원은 믿음으로 받습니다.

구원은 믿음으로 받는 아주 단순한 원리를 가지고 있습니다. 구원은 바다에
서 진주를 캐는 것처럼, 하늘에서 별을 따는 것처럼 어려운 것도 아닙니다. 구원
은 믿음으로 받는 것이기 때문에 은혜라고 말합니다. 그러나 인간의 편에서
보면 구원이 공짜이지만 하나님의 편에서 보면 엄청난 대가를 지불한 셈입니
다. 하나님께서 독생자 예수 그리스도를 십자가에서 죽게 하시는, 값으로 환산

구역예배공과

할 수 없는 대가를 지불하심으로서 우리를 구원하셨기 때문입니다.

그래서 구원은 하나님의 은혜이며 선물입니다. 구원은 우리가 교회를 출석한다고 자동적으로 얻어지는 것이 아닙니다. 부모님의 신앙이 훌륭하다고 자녀들이 구원을 받는 것도 아닙니다. 구원은 하나님과 일대일의 관계이며 각자의 믿음에 따라 얻어지는 것입니다.

교회 안에는 네 종류의 사람이 있습니다. 첫째는 교회생활에 잘 길들여진 사람이 있습니다. 둘째는 종교문화를 즐기는 사람이 있습니다. 셋째는 지적인 동의만 하는 사람이 있습니다. 넷째는 진정한 구원을 경험한 사람이 있습니다. 진정으로 구원을 받은 사람은 진리가 자연스럽게 받아들여지고 믿어집니다. 따라서 구원은 믿음으로 받는 하나님의 은혜의 선물입니다.

■ 구원은 자랑할 수 없습니다.

9절에서 구원은 우리의 행위로 받는 것이 아니라고 말씀하고 있습니다. 우리가 무엇을 잘 했기 때문에 받는 것도 아닙니다. 우리가 똑똑하다거나, 잘났다거나, 지혜가 있다거나, 우리의 공로 때문에 받는 것도 아닙니다. 인간은 타락하고 부패한 존재입니다.

따라서 인간은 구원을 받을 만한 아무런 능력도 없습니다. 로마서 3장에는 인간이 얼마나 타락하고 무능력한 존재인가를 잘 보여주고 있습니다. 이 세상에는 한 사람의 의인도 없습니다. 하나님을 깨닫는 자도 없고 찾는 자도 없습니다. 선을 행하는 자도 없습니다. 이것이 타락한 인간의 현주소입니다.

만약에 인간이 자신의 노력으로 구원을 받는다면 자랑할 것이 많을 것입니다. 그리고 인간이 자신의 공력으로 구원을 받고 자랑한다면 십자가는 무용지물이 되고 말 것입니다. 따라서 구원은 결코 우리가 자랑할 수 있는 것이 아닙니다. 그러므로 우리는 구원을 주신 하나님께 감사하며 찬양하며 영광을 돌리는 삶을 살아야 합니다.

■ 구원은 선한 목적을 위하여 받습니다.

우리는 은혜로 구원을 받으며 믿음으로 받습니다. 그리고 구원은 전적인 하나님의 선물입니다. 우리의 구원이 행위에서 난 것이 아니기 때문입니다. 은혜로 구원받은 우리는 예수님 안에서 선한 일을 위하여 지음을 받았습니다. 이것이 우리가 구원을 받은 목적입니다. 따라서 우리 그리스도인들은 구원을 받은 이후에 선한 일을 추구하며 살아야 합니다.

그렇다면 선한 일이란 무엇입니까? 곧 선행을 가리킵니다. 우리의 구원은 시발점에 불과한 것이지 결코 종착역이 아닙니다. 선행이라는 것은 구원의 근거가 아니라 구원의 목적과 결과입니다. 구원과 선행을 나무로 비유하면 구원은 뿌리와 같은 것이며 선행은 열매와 같은 것입니다.

따라서 구원을 받은 후에는 반드시 선한 열매를 맺어야 합니다. 즉 구원으로부터 믿음의 여정이 시작되는 것입니다. 야고보 기자가 설명한 것처럼 믿음과 행함은 동전의 양면과 같은 것입니다. 그러므로 우리 그리스도인들은 구원받은 이후에 구원을 선물로 주신 하나님께 감사하며 하나님의 말씀대로 살아야 합니다. 그리고 예수님을 자랑하는 삶을 살아야 합니다.

나눔의 시간

1. 본문에서 가장 마음에 와 닿은 말씀은 무엇입니까?

_____

_____

_____

2. 왜 그 말씀이 가장 마음에 와 닿는다고 생각합니까?

_____

_____

_____

3. 한 주간 동안 실천해야 될 말씀은 무엇입니까?

_____

_____

_____

_____

함께 공유할 기도제목

개인	
가정	
교회	
직장	

4월

승리하는 신앙생활

• 평화의 왕

• 입성하신 예수님

• 예수님의 부활승리

• 승리를 주시는 하나님

●●●
제14과
평화의 왕

성경: 마태복음21:1~11

찬송: 134장   140장

"이는 선지자를 통하여 하신 말씀을 이루려 하심이라 일렀으되 • 시온 딸에게 이르기를 네 왕이 네게 임하나니 그는 겸손하여 나귀 곧 멍에 메는 짐승의 새끼를 탔도다 하라 하였느니라"(4~5절)

예수님은 구약시대 선지자들의 예언대로 온 인류를 구원하시기 위하여 이 세상에 오셨습니다. 그리고 십자가의 죽음을 앞에 두고 나귀를 타시고 예루살렘으로 입성을 하십니다. 이제 메시야로서 공개적으로 자신의 모습을 드러내신 것입니다. 그렇다면 예수님께서 예루살렘으로 입성하신 그 의미와 목적은 무엇일까요?

■ 인류를 구원하시는 구원자로 오셨습니다.

지금 이스라엘 백성들은 어떤 메시야를 꿈꾸고 있습니까? 과거에 모세처럼 광야에서 이스라엘 백성들에게 만나를 제공해주었던 정치적인 메시야를 꿈꾸고 있습니다. 그리고 과거에 이스라엘 백성들이 주변 국가들로부터 고통을 겪고 있을 때 그들을 무릎 꿇게 만들었던 다윗과 같은 강력한 메시야를 대망하고 있었던 것입니다. 그래서 유월절에 모인 수많은 인파들이 예수님을 열렬하게

구역예배공과

환영했던 것입니다.

그러나 예수님은 유대인들이 바라는 것처럼 경제문제를 해결하는 메시야로 오신 것이 아닙니다. 그렇다고 로마의 압제로부터 해방시키기 위한 정치적인 메시야로 오신 것도 아닙니다. 예수님은 죄와 허물로 영원히 죽을 수 밖에 없는 죄인들을 구원하시기 위하여 오신 분입니다. 십자가를 지시기 위하여 오셨고 인류의 구원자로 오셨습니다. 평화의 왕으로 오셨습니다.

■ 하나님나라를 통치하시는 왕으로 오셨습니다.

이제 예수님께서 메시야로서 공개적으로 나타나셨습니다. 구약시대에 선지자들이 메시야가 나귀를 타시고 오실 것에 대한 예언을 하였는데 그 선지자들이 바로 이사야 선지자와 스가랴 선지자입니다. 왕이 오시는데 그 왕은 나귀를 타고 오신다는 것입니다.

그렇다면 왜 왕이 준마를 타지 않고 나귀를 타고 오실까요? 첫째로, 메시야는 겸손한 분이기 때문입니다. 나귀는 짐을 싣는 짐승입니다. 나귀를 타고 오시는 것은 겸손을 의미합니다. 둘째는 평화의 왕으로 오신 분이기 때문입니다. 말은 전쟁과 군림을 상징합니다. 따라서 예수님은 말을 타고 오신 것이 아니라 평화를 상징하는 나귀를 타고 오셨습니다.

우리는 말을 좋아하기 보다는 나귀를 좋아해야 합니다. 남들 위에서 군림하는 것을 좋아하지 말아야 합니다. 교만하지 말아야 합니다. 대신에 예수님처럼 섬기는 자리로 내려가야 합니다. 겸손의 자리로 내려가야 합니다. 영원한 하나님의 나라를 통치하시는 만왕의 왕이시요, 만주의 주가 되시는 예수님과 함께 동행 하는 삶을 살아야 합니다.

■ 수난과 죽음의 길을 걷기 위하여 오셨습니다.

예수님께서 입성하실 때 온 백성들이 다윗의 자손 예수를 열렬하게 환영하였습니다. 광야에서 떡을 먹여준 모세와 같은 지도자로 환영을 했던 것입니다. 그리고 모든 주변 국가들을 꼼짝 못하게 만들고 강대한 나라를 만들었던 다윗과 같은 민족적인 지도자를 꿈꾸면서 열렬하게 환영을 했던 것입니다. 이스라엘 민족운동의 최고조에 달했던 것입니다. 그래서 온 백성들이 소동을 하였다고 하였습니다. 그때 사람들이 공개적으로 나타나신 예수님에 대해서 주목하기 시작하였습니다. "예수가 누구냐"는 것입니다.

마침내 예수님은 예루살렘으로 입성하신 그 주간에 유대 종교지도자들과 로마군대의 합작으로 정치범으로 몰려서 십자가에 처형을 당합니다. 예수님은 십자가를 짊어지시고 수난을 당하시면서 죽음의 길을 걸어가셨습니다. 왜 그 십자가를 짊어지셨을까요? 그 이유는 죄로 인하여 영원히 죽을 수 밖에 없는 죄인들을 구원하시기 위하여 십자가를 지신 것입니다. 예수님은 평화의 왕으로 오신 분입니다. 그분은 겸손하여 나귀를 타고 오셨고 섬기기 위해 오셨습니다.

그러므로 우리는 예수님처럼 낮아지고 겸손하여 섬기는 자가 되어야 합니다. 화평을 좇아 살아야합니다. 묵묵히 자신의 때를 기다려야 합니다. 그리고 세상에 거룩한 영향력을 끼치며 잔잔한 파문을 일으키며 세상을 변화시켜나가는 그리스도인이 되어야 할 것입니다.

나눔의 시간

1. 오늘 본문 중에서 가장 인상적인 말씀은 무엇입니까?

2. 왜 그 말씀이 가장 인상적이라고 생각합니까?

3. 한 주간 동안 실천해야 될 말씀은 무엇입니까?

함께 공유할 기도제목

개인	
가정	
교회	
직장	

• • •
제15과

입성하신 예수님

성경: 마태복음21:1~11

찬송: 140장   141장

"이는 선지자를 통하여 하신 말씀을 이루려 하심이라 일렀으되 • 시온 딸에게 이르기를 네 왕이 네게 임하나니 그는 겸손하여 나귀 곧 멍에 메는 짐승의 새끼를 탔도다 하라 하였느니라"(4~5절)

이제 예수님은 자신의 때가 가까이 다가옴을 아시고 하나님의 시간표에 따라서 그분의 뜻을 이루어가시게 됩니다. 예수님은 공생애 기간 동안에는 잘 드러내지 않으시다가 예루살렘에 입성하시면서 자신을 공개적으로 드러내십니다. 예수님은 지금 중요한 시점이 다가왔다는 것을 암시하고 있는 것입니다. 그렇다면 왜 예수님께서 이제야 자신을 공개적으로 드러내셨을까요? 그리고 우리는 어떤 자세로 종려주일을 맞이해야 할까요?

■ 구약의 예언을 성취하신 사건입니다.

예수님께서 나귀를 타신 이유는 구약의 율법을 이루시기 위한 것입니다. "시온 딸에게 이르기를 네 왕이 네게 임하나니 그는 겸손하여 나귀 곧 멍에 메는 짐승의 새끼를 탔도다 하라 하였느니라"(5절). 신명기 22장 7절에는 "어미는 반드시 놓아줄 것이요 새끼는 취하여도 되나니 그리하면 네가 복을 누리고 장수하리라"고 기록하고 있습니다. 어미를 놔두고 새끼를 취하라고 하신 말씀 속에는 자비의 정신이 들어있습니다. 모세의 율법 가운데는 어미와 새끼를 같은 날 잡지 말라는 말씀도 나옵니다. 여기에는 하나님께서 인간의 생명도 존중히 여기시지만 미천한 동물의 생명까지도 존중히 여겨주시는 자비의 정신을 보여주고 있습니다.

예수님께서 어린 나귀를 타신 것은 구약의 예언을 성취시킨 사건입니다. 예수님은 구약의 율법을 폐지하러 오신 것이 아니라 오히려 완성하러 오신 것입니다. 우리는 66권의 성경을 하나님의 말씀으로 믿고 신실하게 지켜나가야 합니다. 하나님의 말씀을 지키는 자가 복이 있습니다.

■ **만왕의 왕 되심을 드러내신 사건입니다.**

스가랴 선지자의 예언의 말씀이 나옵니다. "네 왕이 네게 임하나니 그는 겸손하여 나귀 곧 멍에 메는 짐승의 새끼를 탔도다 하라"(9절). 스가랴 선지자는 한 왕이 임할 것을 예언하고 있습니다. 그러나 예수님은 제자들과 이스라엘 백성들이 생각하고 있던 것처럼 이 세상을 통치할 세상나라의 왕이 아닙니다. 그런데 이스라엘 백성들은 예수님을 유대인의 정치적인 왕으로 오해를 하고 환영을 했던 것입니다. 그래서 호산나! 다윗의 자손을 외치며 대대적인 환영을 했던 것입니다.

유세비우스 역사가는 그때 예루살렘에 모인 인파를 약 270만 정도로 추정하고 있습니다. 그것이 만일 사실이라면 그때 당시 예루살렘은 포화상태가 되었을 것입니다. 그러나 예수님은 이 세상나라를 통치할 왕으로 오신 분이 아닙니다. 예수님은 하나님의 나라를 통치할 만왕의 왕으로 오셨습니다. 그리고 죄인들을 구원하시기 위한 인류의 구세주로 오신 분입니다.

■ 메시야임을 알리시기 위한 사건입니다.

예수님은 유월절에 모인 수많은 인파들로부터 대대적인 환영을 받았습니다. 온 성이 소동을 했다고 기록하고 있습니다. 그때 사람들이 이런 질문을 합니다. "이는 누구냐?" 이렇게 군중들을 주목하게 만들고 열광하게 만드는 이 청년이 누구냐는 것입니다. 예수님이 누구입니까? 예수님은 인류를 구원할 메시야로서 다음과 같은 세 가지 직분을 가지고 오신 분입니다.

첫째는 하나님의 말씀을 받아 전달하는 선지자 직분을 가지고 오셨고, 둘째는 영원한 나라를 통치할 왕의 직분을 가지고 오셨으며, 셋째는 하나님과 죄인 사이에 중보자 역할을 하는 제사장 직분을 가지고 오신 분입니다. 그리고 예수님이 오신 목적은 인간의 모든 죄를 담당하시고 십자가에서 죽으시기 위해서 오셨습니다.

예수님은 살기 위해 오신 것이 아니라 죽기 위해서 오셨습니다. 취하기 위해서 오신 것이 아니라 버리시기 위해서 오셨습니다. 누리시려고 오신 것이 아니라 자기를 희생하는 한 알의 썩어진 밀알이 되시기 위해서 오셨습니다. 그분은 온 인류의 메시야입니다. 우리는 그 예수님을 겸손하게 맞이해야 하며 동시에 전파해야 합니다.

나눔의 시간

1. 본문에서 가장 마음에 와 닿은 말씀은 무엇입니까?

....

....

....

....

2. 왜 그 말씀이 가장 마음에 와 닿는다고 생각합니까?

....

....

....

....

3. 한 주간 동안 실천해야 될 말씀은 무엇입니까?

....

....

....

....

함께 공유할 기도제목

개인	
가정	
교회	
직장	

제16과
예수님의 부활승리

성경: 마가복음16:1~6

찬송: 171장   161장

"청년이 이르되 놀라지 말라 너희가 십자가에 못 박히신 나사렛 예수를 찾는구나 그가 살아나셨고 여기 계시지 아니 하니라 보라 그를 두었던 곳이니라"(6절)

예수님께서 온 인류의 죄를 담당하시고 십자가에서 죽으셨습니다. 그 십자가의 사건은 실패의 사건이 아니라 승리의 사건입니다. 왜냐하면 예수님은 이 세상에 인류의 대속 제물로 오셨기 때문입니다. 예수님의 십자가와 부활사건은 어떤 의미가 있으며 또한 우리는 어떤 자세로 살아야 합니까?

예수님의 십자가 사건은 기독교에 있어서 가장 중심이 되는 사건입니다. 그러나 십자가 사건만 가지고는 기독교가 완성되지 않으며 반드시 부활이 있어야 합니다. 그래서 예수님의 십자가 사건은 부활로서 완성이 됩니다. 기독교의 중요한 핵심 교리들이 있습니다. 예수님의 성령의 잉태와 동정녀 탄생, 십자가 죽음, 부활, 승천, 그리고 재림입니다.

이와 같은 교리들은 우리 기독교에 있어서 없어서는 안 될 핵심적인 교리들입니다. 그 교리들 중에서 아직 이루어지지 않은 한 가지가 있는데 그것이 재림입니다. 따라서 우리 성도는 부활신앙을 가져야 됨과 동시에 재림신앙을 가져야 합니다. 그리고 예수님의 부활은 사망권세를 깨뜨리시고 승리를 거두신 승리의 사건입니다. 그렇다면 부활절을 맞이하는 우리 그리스도인들이 어떤 자세로 살아야 할까요?

■ 우리의 마음을 주님께 드려야 합니다.

부활하신 주님께 우리의 마음을 드리는 것입니다. 사랑하는 사람이 가장 원하는 것이 있다면 그것은 아마도 마음일 것입니다. 성경에 보면 주님을 사랑하는 마음으로 향품을 가지고 예수님의 무덤으로 나아갔던 여인들이 나옵니다. 안식 후 첫날 제일 먼저 무덤으로 달려간 여인은 막달라 마리아였습니다. 그리고 다른 여인들도 예수님의 시체에 향품을 바르기 위해서 미리 사다두었다가 새벽같이 달려갔습니다.

유대인들은 일반적으로 장례를 치른 후에는 향품을 바르지 않습니다. 그리고 부정하기 때문에 시체를 가까이 하지도 않습니다. 그런데 그 여인들은 예수님을 너무나 사랑한 나머지 예수님께 가까이 나아간 것입니다. 주님을 위해 아낌없이 드리기 위해 간 것입니다.

■ 모든 염려를 주님께 맡겨야 합니다.

여인들이 이른 새벽에 향품을 가지고 예수님의 무덤을 향해 달려가는데 염려가 생겼습니다. 무덤 속에 들어가서 예수님의 시체에 향품을 발라드려야 하는데 돌문이 굳게 닫혀 있었기 때문입니다. 누가 돌을 굴려주지 않으면 들어갈수 없습니다. 그래서 막달라 마리아를 비롯한 여인들이 염려를 하면서 가고 있었습니다. 그런데 무덤에 도착 했을 때 이미 무덤 문은 열려있었습니다.

우리는 어떻게 무덤 문을 열까? 염려할 필요 없습니다. 무덤문은 하나님이 열어주시기 때문입니다. 그 무덤문은 천사가 열어준 것입니다(마28:2). 우리는 큰 돌과 같은 문제가 있을지라도 결코 염려할 필요가 없습니다. 하나님은 천사를 통해서 열어주십니다. 우리 앞에 놓인 큰 돌과 같은 문제도, 산과 같은 거대한 문제도 염려할 필요 없습니다. 하나님이 열어주시기 때문입니다. 믿는 자에게는 능히 하지 못할 일이 없습니다. 그러므로 우리 그리스도인들은 염려를 주님께 맡기고 담대하게 살아야 합니다.

■ 부활의 승리를 믿고 증거해야 합니다.

막달라 마리아를 비롯한 여인들이 용기를 내어 열린 무덤 안으로 들어갔습니다. 그런데 무덤 안에 예수님은 계시지 않고 한 청년이 우편에 앉아있었습니다. 그 청년은 바로 하나님이 보낸 천사였습니다. 예수님은 빈 무덤에 계시지 않습니다. 예수님은 죽은 자 가운데서 사망권세를 깨뜨리시고 다시 살아나셨습니다. 그 예수님은 잠자는 자들의 첫 열매가 되셨습니다.

예수님의 부활사건은 승리의 사건입니다. 사탄이 왕 노릇하는 사망의 권세를 깨뜨리시고 죽음에서 생명으로 나오신 것입니다. 우리의 신앙은 무덤과 같은 신앙을 박차고 나와야 합니다. 예수님의 부활은 무덤을 박차고 나온 승리적인 사건입니다. 예수님의 승리는 교회의 승리요, 곧 우리의 승리입니다. 그러므로 우리는 예수님의 부활의 승리를 믿고 담대하게 증거 하는 삶을 살아야 합니다.

나눔의 시간

1. 본문에서 가장 마음에 와 닿은 말씀은 무엇입니까?

....

....

....

....

2. 왜 그 말씀이 가장 마음에 와 닿는다고 생각합니까?

....

....

....

....

3. 한 주간 동안 실천해야 될 말씀은 무엇입니까?

....

....

....

....

함께 공유할 기도제목

개인	
가정	
교회	
직장	

● ● ●

제17과

승리를 주시는 하나님

성경: 고린도전서15:50~58

찬송: 348장   351장

"그러므로 내 사랑하는 형제들아 견실하며 흔들리지 말고 항상 주의 일에 더욱 힘쓰는 자들이 되라 이는 너희 수고가 주 안에서 헛되지 않은 줄 앎이라"(58절)

이 세상에는 희망을 잃어버리고 사는 사람들이 많이 있습니다. 희망의 반대어는 절망입니다. 절망과 희망은 일란성 쌍둥이입니다. 어떤 비참한 역경 속에서도 희망의 비상구는 있습니다. 그 희망의 비상구를 오늘 성경은 우리에게 보여주고 있습니다. 절망적인 상황에 놓여있습니까? 사방으로 우겨 쌈을 당하는 상황에 놓여있습니까? 답답한 상황에 놓여있습니까? 거꾸러뜨림을 당하는 상황에 놓여있습니까? 우리에게 승리를 주시는 하나님의 말씀을 붙잡고 소망의 비상구를 찾아갑시다.

◾ 부활은 소망입니다.

왜 부활이 소망일까요? 그 이유는 마지막 때에 우리 성도들이 부활에 참여할 것이기 때문입니다. 그래서 바울은 부활을 비밀이라고 말했던 것입니다. 예수님께서 천군천사와 함께 재림하실 때 마지막 나팔을 불게 될 것입니다. 그 나팔 소리와 함께 잠자던 성도들이 순식간에 홀연히 변화 될 것입니다. 그리고 썩지

구역예배공과

81

않을 것으로 변화를 입게 될 것입니다. 그러므로 우리 성도가 아무리 비참한 상황에 놓여있다 할지라도 소망이 있는 것은 마지막 때에 썩지 아니할 부활의 소망이 있기 때문입니다. 부활의 소망을 가진 성도는 죽음을 정복한 승리자입니다. 따라서 우리 그리스도인들은 죽음을 정복한 승리자처럼 소망을 가지고 당당하게 살아야 합니다.

■ 부활은 승리입니다.

부활은 사망권세를 깨뜨리시고 승리하신 사건이기 때문에 바울은 그 승리에 대한 감사를 드리고 있습니다. 바울은 죽음을 승리한 것 때문에 감사한다는 것입니다. 죽음을 승리한 자는 기쁨과 감사가 있습니다. 그러므로 우리는 감사의 신앙을 가져야 합니다. 부활의 승리를 가지고 사는 사람은 부활의 기쁨과 소망과 감동이 있습니다. 삶의 에너지가 있습니다. 얼굴에 수심이 사라집니다. 그리고 기쁨이 넘치게 됩니다.

◉ 그렇다면 부활의 소망과 승리를 가진 성도는 어떻게 살아야 합니까?

첫째, 견실해야 합니다.

견실하라는 말씀은 견고하게 서라(Stand firm)는 말씀입니다. 믿음을 반석위에 세우라는 것입니다. 우리의 신앙이 견고하게 서기 위해서는 예수 그리스도 안에 우리의 믿음을 깊이 뿌리박아야 합니다. 뿌리를 박으면 견고하게 서게 됩니다. 예수님께서 시몬의 이름을 베드로의 이름으로 고쳐주십니다. 베드로는 반석이라는 뜻입니다. 마찬가지로 우리의 신앙도 반석 위에 세워야 합니다. 반석 위에 세운 신앙은 절대로 쓸려가는 법이 없습니다.

둘째, 흔들리지 말아야 합니다.

우리는 흔들리지 않는 신앙을 가져야 합니다. 갈대와 같이 흔들려서는 안되며 견고하게 서야 합니다. 예수님의 제자들은 오순절 날 성령 받기 전까지는 계속적으로 흔들리는 신앙을 가지고 있었습니다. 그들의 마음이 고정되지 않고 돈과 명예와 권력욕과 세상적인 가치관에 흔들렸습니다.

그런데 성령을 받고 난 이후에 그들은 견고하여 흔들리지 않는 신앙으로 바뀌게 되었습니다. 막달라 마리아의 신앙은 우리가 본받을 만합니다. 그녀는 변함없는 믿음을 가지고 있었습니다. 끝까지 예수님을 배반하지 않고 사랑하였습니다. 그래서 예수님은 막달라 마리아의 신앙을 귀하게 여기시고 칭찬하셨던 것입니다.

셋째, 항상 주의 일에 힘써야 합니다.

교회에 보면 헌신하는 분들이 있습니다. 어떤 분은 식사비를 내놓고, 어떤 분은 선교사를 위해 후원해 주시고, 교회 청소도 하며 아름답게 꾸미고 단장하는 손길도 있습니다. 이렇게 줄을 잇는 아름다운 헌신이 일어날 때 교회는 아름답게 세워지게 될 것입니다. 그러므로 우리는 부활의 소망을 가지고 주의 일에 힘쓰는 자들이 되어야 합니다.

나눔의 시간

1. 오늘 본문 중에서 가장 인상적인 말씀은 무엇입니까?

....

....

....

2. 왜 그 말씀이 가장 인상적이라고 생각합니까?

....

....

....

3. 한 주간 동안 실천해야 될 말씀은 무엇입니까?

....

....

....

함께 공유할 기도제목

개인	
가정	
교회	
직장	

5월

가정을 세우는 신앙생활

• 행복한 가정을 만듭시다

• 부모님을 공경합시다

• 행복한 가정의 열쇠

• 아버지의 사랑

제18과

행복한 가정을 만듭시다

성경: 에베소서6:1~4

찬송: 559장 399장

"자녀들아 주 안에서 너희 부모에게 순종하라 이것이 옳으니라 • 네 아버지와 어머니를 공경하라 이것은 약속이 있는 첫 계명이니 • 이로써 네가 잘되고 땅에서 장수하리라 • 또 아비들아 너희 자녀를 노엽게 하지 말고 오직 주의 교훈과 훈계로 양육하라"(1~4절)

가정은 하나님께서 최초로 만들어주신 공동체입니다. 그리고 부모는 하나님께서 자녀에게 허락해 주신 최대의 선물이며, 자녀는 부모에게 축복의 선물로 주셨습니다. 그래서 가정은 축복의 공동체요, 행복의 공동체입니다. 모든 사람들이 행복한 가정을 꿈꿉니다. 그렇다면 어떤 가정이 행복한 가정일까요?

■ 자녀가 부모를 공경하는 가정입니다.

에베소서 6장에서 바울은 가르쳐주고 있습니다. "자녀들아 주 안에서 너희 부모에게 순종하라 이것이 옳으니라 네 아버지와 어머니를 공경하라 이것은 약속 있는 첫 계명이니 이로써 네가 잘 되고 땅에서 장수하리라." 자녀들은 주안에서 부모에게 순종해야 합니다. 그리고 부모를 공경해야 합니다. 부모를 공경하는 것은 약속 있는 첫 계명이라고 말씀하고 있습니다.

성경에 보면 하나님께서 인간에게 주신 제일 첫 번째 계명이 부모를 공경하라는 계명입니다. 왜냐하면 부모를 공경할 줄 알아야 하나님도 공경할 줄 알기 때문입니다. 눈에 보이는 부모를 공경해야 눈에 보이지 않는 하나님을 공경하게 되는 것입니다. 육신의 부모를 공경할 때 두 가지 복을 약속하고 있습니다. 첫째는 잘된다고 하였습니다. 둘째는 장수한다고 하였습니다. 잘되기를 원합니까? 장수하기를 원합니까? 그렇다면 부모를 잘 받들어 모셔야 합니다. 부모를 공경하면 그 가정에 행복이 흘러들어가게 됩니다. 부모는 자녀에게 축복의 통로이기 때문입니다.

■ 부모가 자녀를 양육하는 가정입니다.

4절에 말씀합니다. "또 아비들아 너희 자녀를 노엽게 하지 말고 오직 주의 교양과 훈계로 양육하라." 부모는 자녀를 잘 양육해야 될 청지기적 사명을 가지고 있습니다. 부모는 하나님의 대리자입니다. 축복권의 대리자요, 훈육권의 대리자요, 신앙전수권의 대리자로서 자녀에게 축복이 흘러 들어가게 하는 통로자입니다. 따라서 부모는 하나님의 대리자로서 자녀에게 신앙이 잘 전수될 수 있도록 말씀으로 양육시켜 주어야 합니다.

신명기 6장에서 하나님은 다음세대들에게 부지런히 성경을 가르치라고 말씀합니다. 1세대만 예수를 잘 믿는 것으로 끝나서는 안됩니다. 그것은 신앙교육의 실패이며 부모의 축복이 자녀에게 더 이상 흘러가지 않기 때문입니다. 그러므로 눈물을 흘리며 씨를 뿌려야 합니다.

훌륭한 자식들의 배후에는 훌륭한 부모님이 있었습니다. 이스라엘의 위대한 지도자 모세의 배후에는 어머니 요게벳이 있었습니다. 어두운 시대에 등불과 같았던 사무엘 선지자의 배후에는 어머니 한나가 있었습니다. 미국의 세계적인 부자였던 록펠러의 배후에는 어머니 엘리자가 있었습니다. 부모의 눈물의 기도는 자녀를 훌륭하게 키우는 기적의 재료가 되는 것입니다.

▣ 예수님을 믿는 신앙을 가진 가정입니다.

행복한 가정이 되기 위해서는 자녀가 부모에게 순종하며 또한 공경해야 합니다. 그리고 부모는 자녀에게 청지기 의식을 가지고 잘 양육해야만 합니다. 그리고 행복한 가정이 되기 위해서는 또 한 가지 중요한 것이 있습니다. 그것은 가족 구성원 한 사람 한 사람이 예수를 믿고 믿음 안에서 하나가 되는 것입니다. 그리고 하늘나라 소망을 가지고 살아가는 것입니다. 이것처럼 큰 행복은 없을 것입니다.

진정한 행복은 죽음 이후에 영원한 세계로 들어가는 것입니다. 그 영원한 세계가 바로 천국입니다. 가족이 다 예수 믿고 천국의 가족이 되는 것입니다. 천국은 어떻게 들어갑니까? 천국은 예수님을 믿는 믿음을 통하여 들어갑니다.

따라서 가족이 혈연적인 가족일 뿐만 아니라 천국의 가족이 되어야 합니다. 그럴 때 진정으로 행복한 가정이 될 수 있습니다. 그러므로 우리는 예수 믿는 믿음을 가진 복된 가정, 천국의 가족이 되어야 합니다.

나눔의 시간

1. 본문에서 가장 마음에 와 닿은 말씀은 무엇입니까?

_____

_____

_____

_____

2. 왜 그 말씀이 가장 마음에 와 닿는다고 생각합니까?

_____

_____

_____

_____

3. 한 주간 동안 실천해야 될 말씀은 무엇입니까?

_____

_____

_____

_____

함께 공유할 기도제목

개인	
가정	
교회	
직장	

제19과
부모님을 공경합시다

성경: 에베소서6:1~3

찬송: 559장   579장

"자녀들아 주 안에서 너희 부모에게 순종하라 이것이 옳으니라 • 네 아버지와 어머니를 공경하라 이것은 약속이 있는 첫 계명이니 • 이로써 네가 잘되고 땅에서 장수하리라"(1~3절)

바울은 에베소교회 성도들에게 편지를 쓰고 있습니다. 감옥에서 편지를 쓰는데 부모와 자식 간의 인륜에 관한 편지를 씁니다. 바울은 인간이 살아가는데 있어서 결코 간과해서는 안 되는 중요한 질서인 인륜에 대하여 가르쳐주고 있습니다. 그 인륜에 관한 내용이 무엇입니까? 그리고 그 질서를 지켰을 때 주어지는 복은 무엇입니까?

■ 네 부모에게 순종하라.

바울은 자녀들에게 명령하고 있습니다. "자녀들아 주안에서 너희 부모에게 순종하라." 자녀는 마땅히 부모에게 순종해야 합니다. 이것이 옳은 행동이며 마땅한 것입니다. 그런데 오늘날 자녀들 중에는 부모를 거역하고 심지어는 부모를 버린 자식들도 있으며 또한 살인까지도 서슴지 않는 패륜아도 있습니다. 인륜이 완전히 땅에 떨어져버린 것입니다. 우리는 이 땅의 질서인 인륜을 회복해야 합니다. 성경은 부모에게 순종하되 그 전제 조건을 달고 있습니다. 그것은

구역예배공과

91

"주안에서"라고 하는 전제입니다. 예수님도 어린 시절에 부모에게 순종의 본을 보이셨습니다(눅2:51). 십자가에서 죽으시는 순간까지도 제자 요한에게 어머니를 부탁하시는 효의 본을 보여주셨습니다.

■ 네 부모를 공경하라.

바울은 "네 아버지와 어머니를 공경하라"고 하였습니다. 성경은 부모가 어떤 부모이었는가를 물으라고 언급하고 있지 않습니다. 부모에게 순종하는 것은 조건이 있지만, 부모를 공경하는 것은 조건이 없습니다. 만약에 자녀가 부모에 대하여 청문회를 한다면 공경 받을 부모는 아무도 없을 것입니다. 따라서 부모는 그 존재 자체로서 공경을 받아야 될 대상입니다. 부모가 가정에 경제적 책임을 다하지 못했다거나, 무책임, 재산탕진, 외도, 혹은 폭력적인 부모라 할지라도 부모의 권위를 인정하며 공경할 때 복을 받습니다.

◉ 부모에게 순종하며 공경할 때 주어지는 축복이 무엇입니까?

첫째, 잘 된다고 말씀합니다.

부모를 공경하면 자녀가 잘 됩니다. 성경은 부모를 공경하는 자에게 외적인 풍요로움을 약속하고 있습니다. 부모를 공경하면 마치 축복의 통로를 여는 것과도 같습니다. 그 통로를 타고 축복이 흘러 들어오게 되는 것입니다.

둘째, 땅에서 장수한다고 말씀합니다.

땅에서 장수한다는 것은 이 땅에서 받는 축복을 말합니다. 생명이 연장된다는 것입니다. 장수의 축복도 이 땅의 복 가운데 하나입니다.

■ 요즘 황혼이혼이 늘어나고 있습니다.

부모는 평생 동안 자녀와 가정을 위해 희생하신 분입니다. 가정을 책임지고 자녀들을 돌보시느라 자신을 돌아볼 틈이 없었습니다. 그리고 자신의 존재를 잊어버리고 사신 분들입니다. 그런데 지금 우리 사회에 황혼이혼이 늘어나고 있는 것은 참으로 안타까운 일입니다. 지난 2008년 이혼 통계에 의하면 황혼이혼 건수가 26,942건으로 점차 증가되었다고 합니다.

■ 황혼이혼이 늘어나고 있는 이유가 무엇입니까?

첫째는, 성격적인 차이 때문입니다. 둘째는, 가정폭력 때문입니다. 셋째는, 배우자의 부정 때문입니다. 넷째는, 가정경제의 어려움 때문입니다. 다섯째는, 서운한 감정 때문이라고 합니다.

■ 황혼이혼을 막는 방법은 무엇입니까?

첫째는, 대화의 시간을 가지는 것입니다. 둘째는, 동반자적인 자세를 갖는 것입니다. 셋째는, 서로 따뜻한 관심을 보여주는 것입니다. 넷째는, 서로 사랑을 표현해 주는 것입니다. 다섯째는, 추억의 앨범을 함께 보는 것도 한 방법입니다. 여섯째는, 둘만의 여행의 시간을 가져보는 것입니다.

따라서 우리는 건강한 가정을 만들어가야 합니다. 그리고 성령의 역사를 통한 치유와 회복이 일어나야 합니다.

나눔의 시간

1. 오늘 본문 중에서 가장 인상적인 말씀은 무엇입니까?

....

....

....

2. 왜 그 말씀이 가장 인상적이라고 생각합니까?

....

....

....

3. 한 주간 동안 실천해야 될 말씀은 무엇입니까?

....

....

....

함께 공유할 기도제목

개인	
가정	
교회	
직장	

●●●

제20과

행복한 가정의 열쇠

성경: 사도행전7:20~22

찬송: 413장   430장

"그때에 모세가 났는데 하나님 보시기에 아름다운지라 그의 아버지의 집에서 석 달 동안 길리더니 • 버려진 후에 바로의 딸이 그를 데려다가 자기 아들로 기르매"(20~21절)

가정은 하나님께서 최초로 만들어주신 축복의 공동체입니다. 가정은 사람이 만든 것이 아닙니다. 가정은 하나님께서 행복하라고 만들어주신 소중한 공동체입니다. 그러므로 가정은 현재적인 천국을 이루어가는 곳이 되어야 합니다. 그렇다면 행복한 가정은 어떤 가정일까요?

■ 소통이 이루어지는 가정입니다.

행복한 가정은 대화가 이루어지는 가정입니다. 대화는 서로 마음과 마음이 통하는 소통(Communication)을 의미합니다. 오늘날 가정의 문제가 무엇입니까? 어디서부터 문제가 출발합니까? 그것은 대화가 부족한데서부터 출발합니다. 대화가 막히면 문제가 생깁니다. 대화는 마치 우리 인체의 혈액순환과 같은 것입니다. 인체가 건강하려면 혈액순환이 잘되어야 합니다. 가정이 건강하려면 소통이 잘 이루어져야 합니다.

이스라엘의 왕인 사울은 백성들의 박수갈채를 받으며 이스라엘 왕정국가의 초대 왕이 되었습니다. 그러나 그는 소통이 원활하게 이루어지지 않는 왕이었습니다. 하나님과 불통이 되고 백성들과도 불통이 되어버렸습니다. 자기 고집으로 왕정을 이끌어간 것입니다. 그 결과 그는 왕위를 빼앗기고 말았습니다. 그러나 다윗 왕은 하나님과 소통이 잘 이루어진 왕이었습니다. 하나님의 음성을 듣고 순종을 했습니다. 그래서 하나님은 다윗을 가리켜서 내 마음에 합한 자라고 말씀하셨던 것입니다.

요즘은 SNS(Social Network Service)를 사회적인 소통의 도구로 사용하고 있습니다. 그런데 그 소통의 도구가 많은 약점들을 가지고 있습니다. 첫째는 매우 즉흥적입니다. 둘째는 마음을 쉽게 다스리지 못합니다. 셋째는 소통을 위한 도구가 소통이 잘되지 않습니다. 오히려 소통을 위한 도구가 깊이 없이 단절을 초래하는 경향이 있습니다.

우리 사회나 세대 간이나 계층 간에 소통이 잘 이루어져야 합니다. 교회도 소통이 잘 이루어져야 합니다. 그리고 가정에서도 소통이 잘 이루어져야 합니다. 남편과 아내 사이, 부모와 자녀사이도 소통이 잘 이루어져야 합니다. 진정한 소통이 이루어질 때 서로의 아픔을 이해하고 서로의 짐을 나누어지며 서로 이해하는 행복이 주어지게 될 것입니다.

■ 기도의 지붕이 있는 가정입니다.

행복한 가정은 기도의 지붕이 있는 가정입니다. 만약에 집은 있는데 지붕이 없다면 어떻게 되겠습니까? 지붕이 없다면 비가 줄줄 새게 될 것입니다. 그리고 식구들이 지붕이 없는 방에 누워서 추운겨울에 보온이 되지 않은 채 추위에 떨면서 잠을 자게 될 것입니다. 사막과 같이 고독하고 싸늘한 가정이 될 것입니다. 그런 가정을 한번 상상해 보셨습니까? 따라서 기도는 마치 가정을 덮는 지붕과 같은 것입니다. 그래서 그 기도가 온 가족을 하나님의 은총의 날개로 덮고 가정을 따뜻하게 보호하는 보온효과를 가져 오게 만들 것입니다.

남편이 아내를 위해서 기도할 때 아내가 안전한 지붕아래 거하게 되고, 아내가 남편을 위해서 기도할 때 남편이 안전한 그늘아래 거하게 될 것입니다. 그리고 부모가 자녀를 위해서 기도할 때 자녀가 안전한 지붕아래서 보호받고 안식을 누리게 될 것입니다. 부모가 자녀를 축복하면 그 축복이 자녀에게 그대로 임하게 됩니다. 기도는 가정을 감싸는 지붕과 같은 것입니다. 특별히 부모님의 기도는 자녀의 보호막과 같습니다. 그러므로 우리는 가정과 자녀를 위해서 매일 기도해야 합니다. 기도의 지붕이 있는 행복한 가정을 만들어가는 것입니다.

모세의 부모님은 아기 모세를 위해서 기도했습니다. 그렇게 기도할 때 그 아이가 보통아이가 아니라는 사실을 알게 됩니다. 그래서 나일 강에 빠뜨려서 죽이라는 바로왕의 명령을 어기고 삼 개월 동안 몰래 숨겨서 키우게 된 것입니다. 나중에 모세가 이스라엘 민족을 구출해내는 위대한 지도자로 쓰임 받게 됩니다. 이와 같이 부모님의 기도는 자녀에게 보호막이 되는 지붕과 같은 것입니다.

그러므로 우리는 아름다운 소통이 이루어지는 가정을 만들어가야 합니다. 그리고 기도의 지붕을 만들어가야 합니다. 그래서 행복한 가정의 정원을 가꾸어서 하나님께 영광을 돌리는 가정이 되어야 합니다.

나눔의 시간

1. 본문에서 가장 마음에 와 닿은 말씀은 무엇입니까?

2. 왜 그 말씀이 가장 마음에 와 닿는다고 생각합니까?

3. 한 주간 동안 실천해야 될 말씀은 무엇입니까?

함께 공유할 기도제목

개인	
가정	
교회	
직장	

제21과

아버지의 사랑

성경: 누가복음15:20~24

찬송: 171장   304장

"이에 일어나서 아버지께로 돌아가니라 아직도 거리가 먼데 아버지가 그를 보고 측은히 여겨 달려가 목을 안고 입을 맞추니 • 아들이 이르되 아버지 내가 하늘과 아버지께 죄를 지었사오니 지금부터는 아버지의 아들이라 일컬음을 감당하지 못하겠다 하나"(20~21절)

오늘 본문에는 탕자의 비유가 나옵니다. 여기서 아버지는 하나님을 가리킵니다. 첫째아들은 율법적인 전통에 익숙하고 자기 의로 가득 차 있는 유대인들을 가리킵니다. 둘째아들은 하나님의 품을 떠난 죄인들이 회개하고 돌아온 자들을 가리킵니다. 본문은 집을 나가 아버지의 재산을 탕진하며 허랑방탕한 탕자에 대하여 아버지께서 어떤 사랑을 베푸시는가를 잘 보여주고 있습니다. 그 아버지는 어떤 분입니까?

■ 용서하고 받아주시는 아버지입니다.

집을 나간 둘째아들이 많은 수업료를 지불하고 깨닫게 됩니다. 시편에 보면 "고난당하는 것이 내게 유익이라"고 말씀하고 있습니다. 사람은 고난을 통해서 많은 것을 배우며 성장과 성숙을 이루어갑니다. 마치 울퉁불퉁한 돌멩이들이 이리 부딪히고 저리 부딪히면서 반들반들한 조약돌이 되는 것처럼 고난을 통해

구역예배공과

서 모난 인격이 다듬어지고 성장해가는 것입니다. 그런데 둘째아들이 스스로 돌이켜서 아버지께로 돌아옵니다. 자기 인생의 처절한 경험을 통해서 아버지가 어떤 분인가를 깨닫게 된 것입니다. 그전에 몰랐던 아버지를 알게 된 것이죠.

그래서 아버지께로 달려가는데 이게 웬일입니까? 아버지가 집을 나간 아들을 위해 여태까지 기다리고 있었던 것입니다. 아들이 멀리서 걸어오는 것을 아버지가 먼저 알아보았습니다. 그리고 불쌍히 여기며 먼저 달려가서 목을 끌어안습니다. 그리고 입을 맞춥니다. 회개한 아들에게 결코 추궁을 하지 않습니다. 돌아온 아들을 아버지가 무조건적인 사랑으로 품어주고 용서해준 것입니다. 이것은 죄를 회개하고 돌아온 죄인들에 대한 하나님의 무한하신 사랑과 용서를 보여주고 있습니다.

■ 권리를 회복시켜주시는 아버지입니다.

본문 22절에, "아버지는 종들에게 이르되 제일 좋은 옷을 내어다가 입히고 손에 가락지를 끼우고 발에 신을 신기라"고 명령합니다. 돌아온 둘째아들을 아버지가 감동이 되도록 극진히 맞춥니다. 아들이 아버지에게 "아버지! 나는 아들 자격이 없습니다!" "나를 품꾼의 하나로 봐주십시오!" 그렇게 고백하기도 전에 종들에게 신속히 명령을 내립니다.

첫째는 제일 좋은 옷을 입혀주라고 하였습니다. 아들에게 최고의 옷을 입혀주고 잔치의 주인공으로서 영광스런 자리로 초대해준 것입니다. 즉 신분을 회복시켜준 것입니다. 우리가 예수를 믿고 하나님의 자녀가 되면 신분의 회복이 일어나며 의의 세마포 옷을 입혀주십니다.

둘째는 손에 가락지를 끼워줍니다. 이것은 아버지의 총애를 받는 것을 의미하며 왕권을 회복시켜주는 것을 의미합니다. 셋째는 발에 신을 신겨줍니다. 신을 신겨주는 의미는 종의 신분이 아닌 아들의 신분을 회복시켜주는 것을 의미합니다. 회개한 자에게는 의의 세마포 옷을 입혀주시고 왕적인 권위를 회복시켜주십니다. 그리고 종이 아닌 아들의 신분을 회복시켜주십니다.

■ 기쁨으로 맞아주시는 아버지입니다.

본문 23절, 24절에 보면 아버지가 아들을 위해서 모든 권리를 회복시켜줍니다. 그리고 이번에는 잔치를 베풀며 살진 송아지를 잡아줍니다. 그 송아지는 특별히 가장 귀한 손님을 대접하기 위해 지금까지 키워왔던 포동포동하게 살찐 최상급의 송아지입니다. 아버지가 말합니다. "우리가 먹고 즐기자!" "내 아들이 죽었다가 다시 살아났고 잃었다가 다시 얻었노라!" 그렇게 즐거워하면서 가족과 친지와 이웃들을 초청해서 잔치를 벌인 것입니다.

하나님은 죄인 한 사람이 회개하고 돌아올 때 이렇게 기뻐하십니다. 기뻐하고 흥에 겨워서 잔치를 베푸시고 축제를 벌이시며 춤을 추십니다. 하나님은 무한하신 사랑을 베풀어주시는 분입니다. 그리고 자녀 된 권리를 회복시켜주십니다. 그리고 죄인이 회개하고 돌아왔을 때 감격하고 기뻐하시며 회개하고 돌아온 자녀에게는 최고의 대접을 해주십니다. 그 모습이 진정한 하나님 아버지의 모습입니다.

나눔의 시간

1. 본문에서 가장 마음에 와 닿은 말씀은 무엇입니까?

....

....

....

....

2. 왜 그 말씀이 가장 마음에 와 닿는다고 생각합니까?

....

....

....

....

3. 한 주간 동안 실천해야 될 말씀은 무엇입니까?

....

....

....

....

함께 공유할 기도제목

개인	
가정	
교회	
직장	

6월

성령충만한 신앙생활

· 성령 충만을 받으라

· 바람·불처럼 임하신 성령

· 치유와 회복

· 씨뿌리는 자의 비유

· 바울이 전한 복음

●●●

제22과

성령 충만을 받으라

성경: 에베소서5:18

찬송: 195장 192장

"술 취하지 말라 이는 방탕한 것이니 오직 성령으로 충만함을 받으라"(18절)

바울은 성령충만함과 술취함을 대조하여 언급하고 있습니다. 술과 성령은 서로 상극적인 관계에 있습니다. 술이나 성령은 사람이 인위적으로 다스릴 수 있는 것이 아닙니다. 우리 그리스도인들은 날마다 성령님과 동행하며 성령님의 지배를 받는 삶을 살아야 합니다. 우리가 성령님과 동행하면 축복의 인생이 됩니다. 성령님과 동행하기 위해서는 날마다 성령으로 충만해야 합니다. 성령 충만은 반드시 받아야 하는 주님의 명령입니다. 그렇다면 성령충만을 받기 위해서는 우리가 어떻게 해야 될까요?

■ 성령충만을 사모해야 합니다.

바울은 성령을 소멸하지 말라고 했습니다. 성령을 소멸한다는 것은 성령을 억제한다는 뜻입니다. 성령을 억누르고 억제하는 것을 말합니다. 성령을 억제하는 것은 곧 성령을 무시하는 것입니다. 성령님은 인격적인 분이시기 때문에 우리가 성령님을 거부하면 더 이상 역사하지 않습니다. 성령님은 때로는 다이나마이트처럼 강력하게 역사하십니다. 오순절에 다락방에 임했던 성령님은 바람같이! 불같이! 강력하게 임하였습니다.

성령님께서 때로는 비둘기처럼 부드럽고 조용하게 역사하실 때도 있습니다. 그런 성령님을 우리는 무시하지 말아야 합니다. 대신에 성령님을 인정하고 환영하며 대화를 나누며 동행하는 삶을 살아야 합니다. 그런데 만약에 성령님을 인정하지 않고 환영하지도 않고 대화도 단절이 되어버린다면 성령님을 근심하게 만드는 것입니다. 그래서 바울은 "하나님의 성령을 근심하게 하지 말라"고 하였던 것입니다. 따라서 우리는 성령님을 근심하게 하는 것이 아니라 성령님을 기쁘시게 해드리는 삶을 살아야 합니다. 우리가 성령님을 사모할 때 성령충만을 주십니다.

■ **죄를 남김없이 고백해야 합니다.**

우리가 성령 충만하기를 원한다면 우리 안에 있는 죄를 깨끗하게 회개해야 합니다. 말씀의 물로 씻어내고 성령의 불로 태워버려야 합니다. 깨끗한 그릇에 보화를 담는 것처럼 깨끗한 곳에 성령님이 거하시며 성령 충만함을 유지할 수 있습니다.

사도요한은 우리가 죄를 자백하면 주님은 미쁘시고 의로우셔서 우리 죄를 사해주시고 모든 불의에서 깨끗하게 해주실 것이라고 하였습니다. 성령님은 거룩한 분이시기 때문에 거룩한 성전에 거하십니다. 바울은 어둠의 일을 벗어버리고 빛의 갑옷을 입으라고 하였습니다. 성령으로 충만 받기 위해서는 죄악의 요소들을 벗어버리고 예수그리스도로 옷 입어야 합니다.

우리가 성령충만함을 받지 못하는 이유가 있습니다. 첫째는 교만함 때문입니다. 둘째는 숨은 죄를 고백하지 않기 때문입니다. 셋째는 세상적인 것을 사랑하기 때문입니다. 세상에 마음을 빼앗기면 성령충만 할 수 없습니다. 술과 성령이 공존할 수 없는 것처럼 세상과 성령도 공존할 수 없습니다. 따라서 우리가 겸손하게 숨은 죄를 고백하고 우리 자신을 성결하게 할 때 성령충만함을 받을 수 있으며 또한 유지할 수 있습니다.

▣ 성령충만을 간구해야 합니다.

바울은 "술 취하지 말라 이는 방탕한 것이니 오직 성령으로 충만함을 받으라"고 가르쳐주고 있습니다. 술 취하지 말라는 것도 명령이며 성령으로 충만 받으라는 것도 명령입니다. 명령은 반드시 지켜야 합니다.

에베소서 5장 18절은 명령으로 되어있습니다. 그런데 요한일서 5장 14절에서 15절은 약속의 말씀입니다. "우리가... 그의 뜻대로 무엇을 구하면 들으심이라"고 했습니다. 우리가 주님의 뜻대로 구하면 무엇이든지 들어주신다는 것입니다. 우리가 성령충만을 구하면 주십니다. 따라서 우리가 성령충만을 간구했다면 믿음으로 받아들여야 합니다. 그리고 성령충만함을 기대하는 것입니다.

성령충만 하면 어떤 일이 일어납니까? 첫째는 외적으로 전도의 열매를 맺습니다. 전도의 열정이 생기고 마음에 담대함이 생기며 전도의 열매가 열립니다. 둘째는 내적인 성령의 열매를 맺습니다. 성령의 아홉 가지 열매가 아름답고 조화롭게 열리게 됩니다. 사랑, 기쁨, 화평, 인내, 자비, 양선, 신실함, 온유, 절제와 같은 인격의 열매들이 열립니다. 그러므로 우리는 믿음으로 성령충만을 간구해야 합니다.

나눔의 시간

1. 본문에서 가장 마음에 와 닿은 말씀은 무엇입니까?

....

....

....

....

2. 왜 그 말씀이 가장 마음에 와 닿는다고 생각합니까?

....

....

....

....

3. 한 주간 동안 실천해야 될 말씀은 무엇입니까?

....

....

....

....

함께 공유할 기도제목

개인	
가정	
교회	
직장	

● ● ●
제23과
바람·불처럼 임하신 성령

성경: 사도행전2:1~13

찬송: 191장   185장

"오순절 날이 이미 이르매 그들이 다같이 한곳에 모였더니 • 홀연히 하늘로부터 급하고 강한 바람 같은 소리가 있어 그들이 앉은 온 집에 가득하며 • 마치 불의 혀같 이 갈라지는 것들이 그들에게 보여 각 사람 위에 하나씩 임하여 있더니"(1~3절)

사도행전의 핵심구절은 1장 8절이며, 핵심사건은 오순절 성령강림 사건입니다. 성령강림 사건은 사도행전을 이끌어가는 견인차가 되는 핵심적인 사건입니다. 오순절 사건이 없이는 사도행전의 역사도 없습니다. 성령강림 사건은 구약의 요엘 선지자를 통하여 예언되고 있습니다. 그렇다면 성령강림은 어떤 의미가 있으며 또한 이 시대를 살아가는 우리에게 어떤 의미를 주고 있습니까?

◼ 성령강림은 오순절에 이루어진 사건입니다.

성령강림은 오순절 절기에 타이밍을 맞추고 있습니다. 구약성경에 보면 이스라엘 남자는 매년 세 번의 절기를 반드시 지키라고 명령하고 있습니다(출 23:14). 그런데 성령강림이 이루어진 사건이 정확하게 오순절이었습니다. 거기에는 하나님의 특별한 계획이 숨어있습니다.

오순절 절기가 중요한 것은 그때 많은 인파들이 전국 각지와 전 세계에 흩어

구역예배공과

져 있던 유대인들이 총집결하는 시기였기 때문입니다. 예수님께서 예루살렘에 입성하실 때도 유월절 절기를 맞추어 입성하셨습니다. 예수님도 수많은 인파들이 모여 있는 때를 기점으로 자신을 공개적으로 드러내신 것입니다.

예수님의 제자들을 비롯한 120명의 성도들이 예루살렘 한 장소에 모였습니다. 그것은 주님께서 약속하신 성령을 기다리기 위해서였습니다. 증인이 되기 위해서는 예루살렘을 떠나지 말고 위로부터 능력이 입혀질 때까지 기다리라고 말씀하셨습니다. 그래서 제자들은 예루살렘의 한 다락방에서 성령이 임하시기를 기다렸던 것입니다. 그러므로 우리는 성령님이 말씀하신대로 순종하며 살아야 합니다.

■ 성령강림은 입체적으로 임한 사건입니다.

예수님의 제자들이 예루살렘 한 장소에 모여서 기도를 하는데 갑자기 하늘로부터 급하고 강한 바람 같은 소리가 들려왔습니다. 청각적으로 소리가 들려오고, 감각적으로 느껴지고, 시각적으로 불의 혀처럼 보인 것입니다. 성령이 불로임하는데 각 사람 위에 임하였습니다. 그렇게 성령이 입체적으로 임하신 것은 성령의 임재를 확실하게 체험하도록 하기 위한 것입니다.

한번 상상해 보십시오. 불꽃이 활활 타오르는 것처럼 각 사람의 머리 위에 임한 그 광경을 한번 상상해 보십시오. 얼마나 놀랍고 신기했겠습니까? 성령이 불과 같이 임하실 때 세 가지의 역사가 일어났습니다. 첫째는 성령충만을 받는역사가 일어났습니다. 둘째는 성령이 말하게 하심을 따라서 말하게 되었습니다. 셋째는 다른 언어로 말하기를 시작하였습니다.

여기서 '다른 언어'는 고린도서에 나오는 은사적인 방언이 아니라 '다른 나라말'을 의미합니다. 창세기 11장에 나오는 바벨탑 사건 이후에 최초로 언어의 통합이 이루어진 것입니다. 그것은 복음을 전 세계에 전파하기 위한 본격적인 준비 작업이었습니다.

■ 성령강림은 구원의 복음을 듣게 된 사건입니다.

경건한 유대인들이 예루살렘에 모여 있을 때에 자기들이 알아들을 수 있는 말로 듣게 되었습니다. 그래서 그들은 깜짝 놀라며 소동을 했던 것입니다. 왜냐하면 갈릴리 사람들이 자기들의 언어를 말하고 있었기 때문입니다. 마가복음에서 예수님은 믿는 자들에게 표적이 따른다고 말씀하셨는데 그 표적이 바로 새 방언입니다.

여기서 새 방언은 제자들이 말한 '난곳 방언' 즉 '다른 언어들'을 말합니다. 그래서 거기에 모여 있던 수많은 순례객들이 자기들의 언어로 하나님의 구원의 비밀을 듣게 된 것입니다. 그런데 거기에 모인 대부분의 사람들은 흩어진 유대인들이었으며 이방인 개종자들도 있었습니다. 그들이 오순절을 지키기 위해서 예루살렘에 모였는데 하나님의 구원의 복음을 듣게 된 것입니다.

오순절 성령강림 사건은 기독교 역사에 있어서 핵과 같은 사건입니다. 그 사건 속에는 하나님의 놀라운 구원의 비밀이 들어있습니다. 그 사건은 그리스도의 복음이 전 세계로 확장되어 나가는 계기가 되었습니다. 그리고 지금도 복음은 땅 끝을 향해 전파되어 나가고 있습니다. 따라서 우리는 바람처럼! 불처럼! 임하시는 성령의 권능을 덧입고 예수님을 닮은 작은 사도가 되어 세상에 복음을 담대하게 전하는 증인들이 되어야 합니다.

나눔의 시간

1. 본문에서 가장 마음에 와 닿은 말씀은 무엇입니까?

....

....

....

....

2. 왜 그 말씀이 가장 마음에 와 닿는다고 생각합니까?

....

....

....

....

3. 한 주간 동안 실천해야 될 말씀은 무엇입니까?

....

....

....

....

함께 공유할 기도제목

개인	
가정	
교회	
직장	

●●●

제24과

치유와 회복

성경: 시편51:17

찬송: 305장   438장

> "하나님께서 구하시는 제사는 상한 심령이라 하나님이여 상하고 통회하는 마음을
> 주께서 멸시하지 아니하시리로다"(17절)

시편 51편은 다윗이 이스라엘 왕으로 등극한 후에 결정적인 죄를 범한 내용
이 나옵니다. 다윗의 인생에 있어서 하나님께 지었던 가장 큰 죄 몇이 나옵니
다. 첫째는 인구조사입니다. 인구조사는 세금을 징수하고 군대조직 개편을 위
한 기초 작업이었습니다. 하나님을 의지하기 보다는 군대의 힘을 의지하는 행
위였던 것입니다. 둘째는 간음죄입니다. 다윗이 왕으로서 안정을 찾았을 때 성
적인 유혹의 덫에 걸리고 만 것입니다. 그리고 회개를 하는데 눈물로 침상을
적시며 뼈가 떨리는 고통을 하게 되었습니다. 그런 다윗이 진정한 회개를 통하
여 다음과 같은 세 가지 회복이 일어납니다.

■ 예배의 회복이 일어납니다.

다윗은 자신이 지은 죄를 참회하였습니다. "하나님이여! 주의 인자를 따라
내게 은혜를 베풀어 주십시오!" 하나님의 사랑과 긍휼을 구하면서 하나님의 목
전에서 악을 행한 사실에 대하여 고백하며 죄를 회개하였습니다. 그래서 다윗
은 하나님과의 관계가 다시 회복이 되었습니다. 예배의 회복이 일어난 것입니

구역예배공과

다. 회개 없는 구원은 있을 수 없습니다. 회개 없는 회복도 있을 수 없습니다. 따라서 반드시 죄에 대한 회개가 있어야 회복이 일어납니다.

가룻 유다는 회개가 없었습니다. 그러나 베드로는 회개하였습니다. 회개 후에 베드로는 주님과의 관계가 다시 회복되었습니다. 따라서 회개할 때 회복이 일어납니다. 예배의 회복도 마찬가지입니다. 회개할 때 예배의 회복이 일어납니다. 하나님과의 관계에서 막힌 담을 헐어버릴 때 예배의 회복이 일어납니다.

■ 내면의 회복이 일어납니다.

다윗은 상한 마음을 가지고 있었습니다. 상한 심령(broken heart)은 부서지고 깨어져서 심한 상처가 나있는 상태를 가리킵니다. 상하고 깨어진 심령들이 싸매어지고 치유되고 회복되어야 합니다. 그렇지 않으면 과거적 신앙에 머무르게 됩니다. 그래서 그 상한 심령 때문에 앞을 향해 나가지 못하게 되는 것입니다. 과거의 상처에 머물러 있기 때문입니다. 우리의 신앙이 앞을 향해 전진하기 위해서는 과거를 청산해야 합니다. 과거를 떠나보내고 훌훌 털어버려야 합니다. 그래야 새로운 일을 시작할 수 있습니다.

상처는 치유될 수 있습니다. 아버지의 사랑이 부어진바 되고 성령의 어루만지신바 되면 치유와 회복이 일어납니다. 그러므로 우리 안에 있는 상처와 쓴 뿌리들과 상한 마음들이 치유 되어야 합니다. 상처는 뿌리째 뽑아내 버려야 합니다. 그래야 내면의 회복이 일어납니다. 내면의 회복이 일어나면 자유와 평안을 얻게 됩니다.

■ 관계회복이 일어납니다.

다윗은 회개합니다. "하나님이여! 내 속에 정한 마음을 창조해 주십시오!" 다윗은 회개를 통한 관계회복이 이루어집니다.

첫째는 하나님과의 관계가 회복이 됩니다. 우리 성도가 죄를 지을 때 성령님이 슬퍼하시며 근심과 탄식을 하십니다(롬8:26). 다윗은 죄를 회개할 때 하나님과의 관계가 다시 회복되었습니다. 기도와 예배가 회복되었습니다. 그래서 회복의 은혜를 누리게 된 것입니다.

둘째는 사람과의 관계가 회복이 됩니다. 하나님과의 관계는 회개가 있어야 합니다. 사람과의 관계는 용서를 구해야 합니다. 용서를 구하고 용서를 받으면 됩니다. 예수님은 일흔 번씩 일곱 번이라도 용서하라고 하셨습니다. 무한한 용서를 하라는 것입니다. 부모님, 남편, 아내, 그리고 자녀를 용서해야 합니다. 지체 간에 서로 용서를 해야 합니다. 용서는 십자가의 능력으로 가능합니다. 그리고 성령님의 도우심이 필요합니다. 진정한 회개와 용서가 있을 때 관계가 회복되는 것입니다.

구역예배공과

나눔의 시간

1. 본문에서 가장 마음에 와 닿은 말씀은 무엇입니까?

_____

_____

_____

_____

2. 왜 그 말씀이 가장 마음에 와 닿는다고 생각합니까?

_____

_____

_____

3. 한 주간 동안 실천해야 될 말씀은 무엇입니까?

_____

_____

_____

_____

함께 공유할 기도제목

개인	
가정	
교회	
직장	

••••

제25과

씨뿌리는 자의 비유

성경: 누가복음8:4~8

찬송: 428장 496장

"각 동네 사람들이 예수께로 나아와 큰 무리를 이루니 예수께서 비유로 말씀하시
되… 더러는 좋은 땅에 떨어지매 나서 백배의 결실을 하였느니라 이 말씀을 하시고
외치시되 들을 귀 있는 자는 들을 지어다"(4,8절)

예수님께서 여러 성읍과 마을을 다니시며 하나님나라를 선포하시고 복음을
전파하셨습니다. 귀신들을 쫓아내시고 병자들을 낫게 해주셨습니다. 그때 큰
무리들이 예수님께 모여들었는데 그들에게 비유로 말씀하신 내용이 씨뿌리는
자의 비유입니다. 그 비유를 통해 네 종류의 밭을 설명하고 있습니다. 그렇다면
네 종류의 밭은 어떤 밭이며 그 의미는 무엇입니까?

■ 길가와 같은 밭이 있습니다.

씨를 뿌리는 자가 밭에 나가 씨를 뿌렸습니다. 그런데 씨가 더러는 길가에
떨어졌습니다. 길가에 떨어진 씨는 사람들에 의해 밟히기도 하고 공중의 새들
이 먹어버리기도 했습니다. 길가 밭은 어떤 밭입니까? 길가 밭은 사람들이 밟고
다녀서 딱딱하게 굳어있는 밭입니다. 그래서 씨를 뿌려도 땅속 깊은 곳으로
씨가 들어가지 못하는 땅입니다.

구역예배공과

여기서 씨는 하나님의 말씀을 의미하며 길가에 뿌려졌다는 것은 들은 말씀을 마귀가 빼앗아 가버린 것을 의미합니다. 그래서 구원을 받지 못하게 만드는 것을 의미합니다. 그러므로 우리는 마귀라는 영적인 존재를 조심해야 합니다. 마귀는 우리의 마음 밭에서 말씀을 쪼아 먹는 악한 존재입니다. 그래서 구원받지 못한 육의 사람으로 살게 만드는 것입니다.

■ 돌과 같은 밭이 있습니다.

씨를 뿌리는 자가 씨를 뿌렸는데 더러는 바위 위에 떨어졌습니다. 씨가 바위 위에 떨어지면 어떻게 될까요? 팔레스틴 같은 사막성 기후를 가진 곳에서는 견디기가 어렵겠죠. 그래서 싹이 났다가 습기가 없으므로 말라버린 것입니다. 씨가 바위 위에 떨어졌다는 것은 말씀을 기쁨으로 받으나 뿌리가 없기 때문에 잠깐 믿다가 시련을 당할 때 배반해 버리는 것을 의미합니다. 그래서 조그만 어려움이 닥치면 말씀을 떠나버리는 것입니다.

그러나 참된 신앙은 시련이나 고난을 당할 때 명품 신앙으로 나타납니다. 그러므로 우리는 말씀의 뿌리를 깊이 내려야 합니다. 말씀의 뿌리를 내린 사람은 마치 시냇가에 심은 나무가 철을 따라 열매를 맺듯이 잎사귀가 마르지 않으며 열매를 맺게 됩니다. 모든 하는 일이 형통하게 되는 것입니다.

■ 가시떨기와 같은 밭이 있습니다.

씨를 뿌리는 자가 씨를 뿌렸는데 더러는 가시떨기 속에 떨어졌습니다. 그런데 가시와 함께 자라면서 기운을 막아버린 것입니다. 여기서 가시떨기가 기운을 막았다는 것은 말씀을 듣기는 들었지만 마음에 염려가 생기는 것을 의미합니다. 세상의 염려 때문에 결실을 맺지 못하는 것입니다. 염려는 불신앙에서 오는 것이며 그 뿌리가 불신앙입니다. 그리고 염려는 습관으로 길들여지는 것입니다. 염려가 습관이 되면 염려의 노예가 됩니다.

따라서 염려를 지나치게 많이 하는 사람은 신앙이 자라지를 못합니다. 염려가 가시떨기가 되어서 믿음이 자라지 못하도록 막아 버리기 때문입니다. 그리고 재물이 가시떨기가 되어서 신앙이 자라지 못하게 만듭니다. 영어에 "황금"(Gold)과 "하나님"(God)은 작대기(I) 하나 차이입니다. 황금이 하나님의 자리를 차지할 수 있습니다. 가시떨기는 이생의 염려와 재물과 향락입니다. 그러므로 우리는 하나님의 말씀을 좇아 살아야 합니다.

■ 좋은 땅이 있습니다.

농부가 씨를 뿌렸는데 더러는 좋은 토양에 떨어졌습니다. 그래서 백배의 결실을 맺게 되었습니다. 백배의 결실을 맺기 위해서는 씨가 좋은 땅에 떨어져야 합니다. 좋은 땅은 착하고 좋은 마음을 가리킵니다. 착하고 좋은 마음을 가진 사람은 어려움과 역경 속에서도 인내로서 극복해 나갑니다. 그래서 인내로서 백배의 결실을 맺게 됩니다.

오늘 본문에는 네 종류의 밭이 나옵니다. 중요한 것은 씨의 운명이 어디에 달려있느냐는 것입니다. 농부는 좋은 씨를 뿌립니다. 그런데 좋은 씨의 운명은 다름 아닌 밭에 달려있습니다. 밭이 좋으면 많은 열매를 맺게 됩니다. 그래서 밭이 중요한 것입니다. 밭은 곧 우리의 마음을 가리킵니다. 좋은 마음의 밭에 말씀이 떨어지면 영적성장이 일어납니다. 그러므로 우리는 좋은 마음의 밭을 소유하여 영적성장을 이루어가야 합니다.

나눔의 시간

1. 본문에서 가장 마음에 와 닿은 말씀은 무엇입니까?

_____

_____

_____

_____

2. 왜 그 말씀이 가장 마음에 와 닿는다고 생각합니까?

_____

_____

_____

_____

3. 한 주간 동안 실천해야 될 말씀은 무엇입니까?

_____

_____

_____

_____

함께 공유할 기도제목

개인	
가정	
교회	
직장	

・・・

제26과

바울이 전한 복음

성경: 사도행전 28:30~31

찬송: 498장　502장

"바울이 온 이태를 자기 셋집에 머물면서 자기에게 오는 사람을 다 영접하고 • 하나
님의 나라를 전파하며 주 예수 그리스도에 관한 모든 것을 담대하게 거침없이 가르치
더라"(30~31절)

바울은 부활하신 주님을 개인적인 체험을 통하여 만났습니다. 그리고 그의
젊음을 불태우며 평생 복음을 전했던 사람입니다. 그렇다면 예수님이 전파하셨
던 복음은 무엇입니까? 그리고 바울이 전한 복음은 어떤 복음입니까? 예수님과
바울이 전한 복음에 대해 살펴보면서 이 시대를 살아가는 우리 그리스도인들이
어떻게 살아가야 할 것인가를 나누어보기를 원합니다.

■ 예수님은 하나님의 나라를 선포합니다.

예수님은 약 30년 동안의 사생애를 사셨고, 약 3년 반 동안의 공생애 사역을
하셨습니다. 예수님께서 공생애에 들어가시기 전에, 첫째는 세례요한으로부터
성부와 성령의 임재 가운데서 세례를 받으십니다. 둘째는 성령에게 이끌리어
광야에서 금식하십니다. 그리고 마귀에게 시험을 받으시는데 우리 인간이 살아
가면서 받을 수 있는 모든 유혹을 받으십니다. 그리고 광야에서 금식을 하신

구역예배공과

121

후에 "회개하라 천국이 가까이 왔느니라"라는 첫 메시지를 선포하십니다.

그런데 그 메시지는 신구약성경 전체의 주제가 되는 말씀입니다. 사람은 그 입에서 나오는 첫마디는 가장 가치 있고 중요한 말일 수 있습니다. 갓난아이가 태어나서 제일 먼저 배우는 말이 "엄마!" "아빠!"라는 단어입니다. 어린아이에게 있어서 가장 소중한 것은 부모이기 때문입니다. 그래서 "엄마!" "아빠!"라는 단어를 제일 먼저 배우고 말하는 것입니다. '회개하라 천국이 가까이 왔느니라'는 예수님의 메시야 사역의 취임설교와 같이 중요한 것입니다. 예수님의 설교의 핵심은 한마디로 천국입니다. 천국은 회개하고 예수님을 영접하는 자에게 임하는 것입니다. 그러므로 우리는 천국을 받아들이고 누리며 또한 전파해야만 합니다.

■ 바울은 하나님의 나라를 전파합니다.

바울은 예수님께서 공생애 첫 설교를 하셨던 하나님의 나라를 전파합니다. 그는 죄수의 몸으로 로마로 압송되어 셋집에 거하는 동안 하나님의 나라를 전파한 것입니다(행28:30,31). 하나님나라는 어떤 나라입니까? 하나님의 나라는 이미 우리 가운데 임하였고 또한 장차 완성될 나라입니다. 이 세상의 마지막은 하나님나라의 완성으로 끝이 나며 예수님의 재림으로 끝이 나게 됩니다.

예수님은 세상 끝이 있다고 증거 하십니다(마24:14). 세상 끝에는 하나님의 나라가 완성될 것입니다. 하나님의 나라는 우리가 죄인임을 고백하고 예수님을 영접하는 자에게 권능으로 임하게 됩니다. 귀신이 쫓겨나가는 것은 하나님의 나라가 권능으로 임하는 표적입니다. 그러므로 구원받은 우리 성도는 하나님의 나라를 전파하는 신실한 증인이 되어야 합니다.

▣ 바울은 예수 그리스도를 가르칩니다.

바울이 2년 동안 감옥에 갇혀서 가르친 내용은 바로 예수 그리스도에 관한 것입니다(31절). 바울은 그리스도에 관한 모든 것을 가르칩니다. 특별히 그는 그리스도에 관한 두 가지 핵심적인 내용을 강조하며 가르칩니다. 고린도전서 15장에 보면 바울이 강조한 두 가지가 나옵니다.

첫째, 바울은 예수님의 십자가의 죽음을 가르칩니다. 예수님이 왜 죽으셨는가? 예수님이 누구를 위해 죽으셨는가? 십자가는 어떤 능력을 가지고 있는가? 바울은 그리스도의 십자가 죽음을 가르칩니다. 예수님께서 지신 십자가는 구원의 십자가요, 능력의 십자가요, 소망의 십자가입니다. 누구든지 그 십자가 앞에 나오는 사람은 죄 용서함과 영생과 영원한 소망을 갖게 되는 것입니다. 둘째, 바울은 예수님의 부활을 증거 합니다. 바울은 부활하신 예수님을 만난 체험을 하고 누구보다도 확신 있게 전했던 사람입니다.

그러므로 우리 그리스도인은 하나님의 나라를 전파해야 합니다. 그리고 예수 그리스도를 전해야 합니다. 왜냐하면 거기에 우리의 생명과 영생과 소망이 있으며 또한 복음을 전하는 것이 우리 그리스도인들이 존재하는 목적이요, 교회가 이 세상에 존재하는 목적이기 때문입니다.

구역예배공과

나눔의 시간

1. 본문에서 가장 마음에 와 닿은 말씀은 무엇입니까?

....

....

....

....

2. 왜 그 말씀이 가장 마음에 와 닿는다고 생각합니까?

....

....

....

....

3. 한 주간 동안 실천해야 될 말씀은 무엇입니까?

....

....

....

....

함께 공유할 기도제목

개인	
가정	
교회	
직장	

7월
실천하는 신앙생활

• 여호와께 감사하라

• 재림을 맞이하는 그리스도인

• 좋은 이웃이 됩시다

• 그리스도의 좋은 병사

●●●

제27과
여호와께 감사하라

성경: 시편136:1~9

찬송: 587장　591장

"여호와께 감사하라 그는 선하시며 그 인자하심이 영원함이로다 • 신들 중에 뛰어
난 하나님께 감사하라 그 인자하심이 영원함이로다 • 주들 중에 뛰어난 주께 감사하
라 그 인자하심이 영원함이로다"(1~3절)

감사는 우리의 삶을 풍요롭게 만드는 아름다운 요소입니다. 그리고 감사는
기적을 일으키기도 합니다. 예수님은 보리떡 다섯 개와 물고기 두 마리로 감사
를 드렸을 때 수만 명의 무리를 먹이는 기적을 일으키게 되었습니다. 감사는
축복입니다. 본문에는 하나님의 성품들이 잘 나타나 있습니다. 하나님은 어떤
성품을 가지고 계십니까? 왜 우리가 감사해야 합니까?

■ 하나님은 선하신 분입니다.

하나님은 선하신(Good) 분입니다. 하나님은 악한 것이 전혀 없으신 분입니
다. 그래서 우리가 좋으신 하나님이라고 부르는 것입니다. 시편 100편 5절에
보면 이렇게 말씀하고 있습니다. "여호와는 선하시니 그의 인자하심이 영원하
고 그의 성실하심이 대대에 이르리로다." 하나님의 선하신 성품은 우리에게 신
뢰를 가져다줍니다.

■ 하나님은 사랑을 가지고 계신 분입니다.

하나님의 본질은 사랑(Love)입니다. 그 분은 영적인 존재이기 때문에 우리의 눈으로 볼 수 없으며 손으로 만질 수도 없습니다. 그 성품은 영원까지 존재합니다. 그래서 시편 기자는 "여호와께 감사하라 그는 선하시며 그 인자하심이 영원하심이로다"고 노래하고 있으며 그분의 아름다운 성품에 감사하라고 촉구하고 있습니다. 감사는 우리의 삶의 원동력이 됩니다. 그리고 우리의 삶을 축복으로 이끌어내는 것입니다.

◉ 그렇다면 우리가 감사해야 할 하나님은 어떤 분입니까?

첫째는, 탁월성을 가지고 계신 분입니다.

시편 기자는 하나님께 감사하는데 역사를 주관하신 하나님께 감사하라고 하였습니다. 우월하시고, 절대적이시고, 유일하시고, 탁월하신 신들 중에 최고의 신께 감사하라는 것입니다. 우리 하나님은 역사의 수레바퀴를 돌리시며 주관하시는 전능하신 분입니다.

따라서 하나님은 지금도 일하고 계십니다. 인간의 노력이나 기술이나 학문이나 과학은 한계가 있습니다. 그러나 하나님은 지구와 태양계를 돌리시며 수천억 개의 은하계를 운행하고 계십니다. 창세기에 보면 인간이 바벨탑을 쌓고 하나님과 같이 높아지고자 할 때에 인종과 언어를 다 흩어버리셨습니다. 하나님께서 역사 속에 개입하신 것입니다.

이 세상에 다른 신이란 존재하지 않습니다. 사람들이 다른 신이 존재한다고 믿는 것이지 실제로 존재하지는 않습니다. 오직 우리 하나님만이 유일하신 신

(God)으로 존재하십니다. 그래서 시편 기자는 모든 것 위에 뛰어나신 하나님께 감사하라고 하였습니다.

◉ **그렇다면 왜 우리가 하나님께 감사해야 합니까?**

둘째는, 우주만물을 주관하시는 분입니다.

우리가 하나님께 감사해야 할 이유는 하나님은 홀로 엄청난 일을 행하신 분이기 때문입니다. 지혜로 하늘을 지으신 이에게 감사하고, 땅을 물 위에 펴신 이에게 감사하고, 큰 빛을 지으신 이에게 감사하고, 해로 낮을 주관하신 이에게 감사하고, 달과 별들로 주관하게 하신 그 하나님의 사랑에 감사하라는 것입니다. 즉 하나님은 우주만물을 창조하시고 보존하시고 섭리하시는 분이시기에 감사하라는 것입니다. 그래서 이스라엘 백성들은 예배를 드리면서 하나님께 감사를 드렸던 것입니다.

예배는 내가 뭔가를 얻기 위해서 드리는 것이 아닙니다. 내가 예배를 통해서 얻는 것은 결과이지 목적은 아닙니다. 내가 뭔가를 얻기 위해서 예배를 드린다면 그것은 자신의 목적을 채우기 위한 이기적인 신앙입니다. 따라서 예배는 드리는 것입니다. 내 마음과 내 정성과 내 몸을 드리는 것입니다. 그리고 하나님을 위해 헌신하는 것입니다.

그리고 예배에 있어서 반드시 있어야 할 요소는 감사입니다. 마음에서 우러나오는 진정한 감사를 드리는 것입니다. 감사는 습관이며 신앙의 성숙도이며 영성의 깊이이기도 합니다. 전능하신 하나님을 인정하며 감사하는 삶은 축복의 삶입니다.

나눔의 시간

1. 오늘 본문 중에서 가장 인상적인 말씀은 무엇입니까?

_____

_____

_____

_____

2. 왜 그 말씀이 가장 인상적이라고 생각합니까?

_____

_____

_____

_____

3. 한 주간 동안 실천해야 될 말씀은 무엇입니까?

_____

_____

_____

_____

함께 공유할 기도제목

개인	
가정	
교회	
직장	

● ● ●

제28과
재림을 맞이하는 그리스도인

성경: 데살로니가전서5:1~11

찬송: 179장 175장

"형제들아 때와 시기에 관하여는 너희에게 쓸 것이 없음은•주의 날이 밤에 도둑같이 이를 줄을 너희 자신이 자세히 알기 때문이라•그들이 평안하다 안전하다 할 그때에 임신한 여자에게 해산의 고통이 이름과 같이 멸망이 갑자기 그들에게 이르리니 결코 피하지 못하리라"(1~3절)

재림은 실제로 존재합니까? 성경은 과연 믿을 만한 책입니까? 성경은 예수님의 재림을 증거하고 있습니다. 예수님의 재림의 '때'는 헬라어에 '크로노스'인데 일반적인 시간을 가리킵니다. '시기'는 헬라어에 '카이로스'인데 예수님의 재림의 시점을 가리킵니다. 예수님의 재림은 어둠에 속한 자들에게는 도둑같이 임하지만 빛에 속한 자녀들에게는 기다림의 시간이 되는 것입니다. 그렇다면 재림을 맞는 우리 그리스도인이 어떻게 살아야 할까요?

■ 깨어 정신을 차리고 살아야 합니다.

우리는 주님의 재림의 시기를 정확하게 알 수 없기 때문에 방관해서는 안됩니다. 다른 이들과 같이 잠자지 말고 오직 깨어서 정신을 차리고 있어야 합니다. '정신을 차리다'라는 말은 '알콜중독 상태에서 벗어나다'라는 어원에서 온 말입니다. 깨어있으라는 말씀은 영적으로 깨어있으라는 뜻입니다. 우리 그리스도인이 어떻게 깨어있어야 합니까?

첫째는 말씀으로 깨어있어야 합니다. 말씀을 읽고, 묵상하고, 삶속에 실천하며 살아가는 것입니다. 둘째는 기도로 깨어있어야 합니다. 바울은 쉬지 말고 기도하라고 했습니다. 영적인 호흡을 하듯이 성령 안에서 쉬지 않고 기도하는 것입니다. 셋째는 성령으로 충만해야 합니다. 말씀과 기도를 통하여 성령 충만한 삶을 사는 것입니다.

넷째는 전도하는 삶을 사는 것입니다. 우리의 입술에서 매일 들을 수 있는 말이 예수님이어야 합니다. 다섯째는 주님을 섬기는 자세로 살아야 합니다. 우리의 건강, 시간, 재능, 물질을 하나님께 드리는 것입니다. 이 세상에는 두 종류의 사람이 있습니다. 김동호 목사님은 "오천 명 분을 쌓아놓고 혼자 먹는 사람과 오천 명을 먹여주는 사람이 있다"고 했습니다. 우리는 깨어서 정신을 차리고 주님의 선한 사업에 부한 인생을 살아야 합니다.

■ 호심경을 붙이고 구원의 투구를 쓰고 살아야 합니다.

호심경은 가슴을 보호하는 보호 장비입니다. 투구는 머리를 보호하는 장비입니다. 다시 말씀드리면 하나님의 전신갑주를 입고 사는 것입니다. 우리 그리스도인들은 밤에 속하지 않고 낮에 속한 사람들입니다. 여기서 낮과 밤은 영적인 의미입니다. 어떤 사람은 낮을 밤처럼 사는 사람이 있고 밤을 낮처럼 사는 사람도 있습니다. 영적인 낮과 밤을 구분하지 못하고 살아가는 것입니다. 우리 그리스도인들은 낮에 속한 사람들이므로 정신을 차리고 절제하는 삶을 살아야 합니다.

요즘 현대인들 가운데는 절제를 상실한 채 살아가는 사람들이 많이 있습니다. 특별히 중독에 노출된 사람들이 점점 많아지고 있습니다. 인터넷 중독, 마약중독, 도박중독, 게임중독, 쇼핑중독, 음식중독, 성 중독 등과 같은 중독에 노출이 되어있습니다. 이런 중독현상들 때문에 사회적으로 발생되는 부작용들이 많습니다. 자기 절제가 되지 않기 때문입니다.

그러므로 우리 그리스도인들은 첫째, 가슴에 믿음과 사랑의 호심경을 붙이고 살아야 합니다. 둘째는 구원의 소망의 투구를 쓰고 살아야 합니다. 그리고 고난과 어려움 속에서도 끝까지 인내하며 주님의 십자가를 붙들고 구원의 소망을 가지고 살아야 합니다.

■ 피차 권면하고 덕을 세우며 살아야 합니다.

주님의 재림을 기다리는 성도는 서로 권면하라고 말씀하고 있습니다(11절). 서로 비판하거나 판단하지 말고 서로 격려하고 위로해주며 서로 덕을 세우며 살라는 것입니다. 교회 안에서 말이란 참으로 중요합니다. 말이 사람을 세울 수도 있고 깎아내릴 수도 있습니다. 말은 곧 인격입니다. 우리는 말을 통해서 교회 공동체를 세우고 지체들을 세워야합니다.

재림을 맞는 우리 그리스도인들은 서로 세워주고 격려해 주며 축복해 주어야 합니다. 서로 잘되기를 위해 기도해주어야 합니다. 사람은 서로 상대적입니다. 그래서 상대방을 세워주면 상대방도 세워줍니다. 이것이 부메랑의 법칙입니다. 베푼 만큼 돌아온다는 것입니다. 그리고 우리가 주님을 섬기면 주님께서 보상해주십니다.

그러므로 우리는 주님의 재림이 돌발적이 되지 않도록 항상 영적으로 깨어있어야 합니다. 믿음과 사랑으로 무장하고 구원의 소망을 가지고 살아야 합니다. 그리고 서로 권면하고 덕을 세우며 지체들을 세우는 삶을 살아야 합니다.

나눔의 시간

1. 본문에서 가장 마음에 와 닿은 말씀은 무엇입니까?

_____

_____

_____

2. 왜 그 말씀이 가장 마음에 와 닿는다고 생각합니까?

_____

_____

_____

3. 한 주간 동안 실천해야 될 말씀은 무엇입니까?

_____

_____

_____

함께 공유할 기도제목

개인	
가정	
교회	
직장	

제29과

좋은 이웃이 됩시다

성경: 누가복음10:25~37

찬송: 220장 218장

"예수께서 이르시되 율법에 무엇이라 기록되었으며 네가 어떻게 읽느냐 • 대답하여
이르되 네 마음을 다하며 목숨을 다하며 힘을 다하며 뜻을 다하여 주 너의 하나님을
사랑하고 또한 네 이웃을 네 자신과 같이 사랑하라 하였나이다"(26~27절)

어떤 율법사가 예수님께 시험하기 위한 질문을 하였습니다. "선생님 내가 어떻게 하여야 영생을 얻으리이까?" 율법사는 하나님 사랑과 이웃 사랑을 실천을 했고 자신은 율법을 지킴으로 구원을 얻은 것으로 착각을 하고 있었습니다. 그때 예수님은 율법사에게 하나님 사랑과 이웃 사랑을 실천하라고 말씀하셨습니다. 율법사는 또 다시 "내 이웃이 누구인가"라는 질문을 합니다. 그때 예수님은 좋은 이웃에 대한 비유를 들어서 설명을 해 주십니다. 그렇다면 좋은 이웃이란 누구입니까?

어떤 한 사람이 예루살렘에서 여리고로 내려가다가 강도들을 만났습니다. 그런데 강도들이 지나가는 행인의 옷을 벗기고 때려서 거의 죽게 된 것을 버리고 갔습니다. 그래서 그 행인이 사경을 헤매고 있었던 것입니다. 그런데 마침 그곳을 지나가던 사람이 있었습니다.

구역예배공과

■ **제사장이 외면하고 지나칩니다.**

마침 한 제사장이 그곳을 지나가다가 강도 만난 사람을 목격하게 되었습니다. 피투성이가 된 채로 신음하며 고통스러워하고 있었습니다. 그때 제사장이 지나가게 된 것입니다. 그 제사장은 강도를 만나 사경을 헤매고 있는 행인을 피해서 지나가버리고 말았습니다. 아마도 제사장은 모세의 율법에 따라 자신을 정결하게 지키려고 했을 것입니다. 그러나 그는 자신을 정결하게 하는 의무는 다했을지 모르지만 이웃을 사랑하라는 계명은 지키지 못하였던 것입니다. 우리는 이웃에 대한 긍휼히 여기는 마음을 가지고 이웃을 사랑해야 합니다.

■ **레위인도 외면하고 지나칩니다.**

레위인은 성전에서 제사장을 돕는 직책을 가진 사람입니다. 그런데 그도 역시 강도만난 자를 목격하고도 그냥 지나쳐버립니다. 심각한 도덕적 불감증에 걸린 사람입니다. 하나님께 대한 경건만을 강조하고 이웃의 아픔을 철저하게 외면하는 종교지도자의 전형적인 모습을 보여주고 있습니다.

사도행전교회 성도들은 어려운 사람들과 함께 물건을 나누어 사용하였습니다. 또 재산과 물건을 팔아 각 사람의 필요를 따라 나누어주었습니다. 정말 아름다운 삶의 모습을 보여준 것입니다. 그래서 칭송을 받는 교회가 되었습니다. 우리는 실천적인 삶과 함께 아름다운 공동체를 만들어가야 합니다.

■ **사마리아인은 선한 이웃이 되어줍니다.**

그런데 사마리아 사람이 지나가다가 강도를 만난 자를 목격하게 되었습니다. 그는 강도를 만나 신음하고 고통하고 있는 행인이 너무나 불쌍히 여겨져서 가까이 다가갔습니다. 그리고 기름과 포도주를 상처에 부어주면서 응급처치를 해주었습니다. 그리고 주막으로 데리고 가서 치료해주고 주막 주인에게 데나리온 둘을 주면서 돌봐주도록 하였습니다.

예수님은 율법사에게 물으셨습니다. "네 생각에는 이 세 사람 중에 누가 강도 만난 자의 이웃이 되겠느냐?" 그때 율법사가 대답하였습니다. "자비를 베푼 자입니다!" 그때 예수님은 "가서 너도 이와 같이 하라!"라고 율법사에게 말씀하셨습니다. 계속적으로 실천에 옮기라는 것입니다. 예수님은 여기서 누가 진정한 이웃인가를 가르쳐 주고 있습니다.

우리는 예수 그리스도를 믿음으로 구원을 받습니다. 구원은 하나님의 전적인 은혜입니다. 그 구원은 인간의 어떤 행위나 공로가 개입되지 않습니다. 그러나 구원 받은 이후에는 반드시 선한 행실이 따라야 합니다. 삶이 성숙되어지는 성화가 이루어져야 합니다. 선한 행실은 구원 받은 자로서 마땅한 열매입니다.

나눔의 시간

1. 본문에서 가장 마음에 와 닿은 말씀은 무엇입니까?

_____

_____

_____

_____

2. 왜 그 말씀이 가장 마음에 와 닿는다고 생각합니까?

_____

_____

_____

_____

3. 한 주간 동안 실천해야 될 말씀은 무엇입니까?

_____

_____

_____

_____

함께 공유할 기도제목

개인	
가정	
교회	
직장	

제30과
그리스도의 좋은 병사

성경: 디모데후서2:1~4

찬송: 358장   360장

"내 아들아 그러므로 너는 그리스도 예수 안에 있는 은혜 가운데서 강하고 • 또 네가 많은 증인 앞에서 내게 들은 바를 충성된 사람들에게 부탁하라 그들이 또 다른 사람들을 가르칠 수 있으리라 • 너는 그리스도의 좋은 병사로 나와 함께 고난을 받으라"(1~3절)

성경은 우리 그리스도인을 여러 가지 모습으로 비유하고 있습니다. 소금과 빛으로 혹은 그리스도의 편지, 향기, 대사로 비유를 하고 있습니다. 그리고 경기장에서 경기를 하는 선수로, 수고하는 농부로, 포도나무 가지로, 그리스도의 병사로 비유를 하고 있습니다. 우리 그리스도인은 그리스도의 병사입니다. 그렇다면 어떤 병사가 좋은 병사입니까?

■ 강한 병사입니다.

연약한 병사는 전쟁터에서 싸울 수 없습니다. 병사는 두 가지 부분에서 강인함을 가지고 있어야 합니다. 첫째는 신체적으로 강해야 합니다. 신체적으로 단련하여 쓰러지지 않고 끝까지 버틸 수 있는 강인한 체력을 가지고 있어야 합니다. 그 강인함은 고된 훈련을 통해서 강인한 병사가 되는 것입니다. 둘째는 내적으로 강해야 합니다. 정신적인 강인함이 있어야 합니다. 그래야 어떤 상황

속에서도 요동함이 없는 강한 병사가 될 수 있습니다.

그렇다면 강인함을 가질 수 있는 근거는 무엇일까요? 그것은 우리가 그리스도 안에 거하는 것입니다. 그리스도 안에서 분명한 구원의 확신을 가지고 주님의 은혜를 붙들고 살 때 강한 병사가 될 수 있습니다.

■ 충성된 병사입니다.

'증인'이란 단어는 '마르티스'라는 법정 용어입니다. '마르티스'는 목격하거나 경험한 사실을 그대로 진술하는 것을 말합니다. 따라서 '마르티스'는 그리스도의 죽음과 부활을 생명의 위협을 견뎌내면서 증거하는 것을 의미합니다. 증인은 충성된 자가 될 수 있습니다. 복음을 증거 하는 현장은 영적인 전투장이기 때문에 순교적인 자세를 가지고 충성해야 합니다.

그래서 바울은 많은 증인들 앞에서 충성된 사람들에게 복음을 위탁하라고 가르치고 있습니다. 충성된 사람들에게 복음을 위탁하면 그 사람이 또 다른 충성된 사람에게 복음을 위탁할 수 있기 때문입니다. 그렇게 복음이 계속적으로 계승되어져 가는 것입니다. 하나님의 비밀을 맡은 자들은 충성된 자세로 섬겨야 합니다. 그리스도의 좋은 병사는 대장되신 그리스도께 충성하는 병사입니다.

■ 고난을 감수하는 병사입니다.

그리스도의 좋은 병사가 되기 위한 필수조건이 있습니다. 그것은 고난 받을 각오를 하는 것입니다. 병사는 기본적으로 고난 받을 각오로 위기와 절망을 뚫고 나가는 지구력이 있어야 합니다. 그래야 고난의 파고를 헤치고 나갈 수 있기 때문입니다. 사도바울은 고난의 파고를 헤치고 기뻐하고 감사하며 담대하게 나아간 그리스도의 좋은 병사의 모델을 보여준 사람입니다. 바울은 디모데에게 "오직 하나님의 능력을 따라 복음과 함께 고난을 받으라"고 하였습니다.

기름때 없는 흔들의자는 없습니다. 고난이 없는 영광은 없습니다. 반드시 고난 후에 영광이 따르는 것입니다. 고난은 하나님께서 복을 주시기 위한 예비신호와도 같습니다. 현재의 고난은 장차 우리에게 나타날 영광과 비교가 되지 않습니다. 어떤 고난도 감수하는 병사가 좋은 병사입니다.

■ 모집한 자를 기쁘게 하는 병사입니다.

병사를 모집한 목적은 모집한 자를 기쁘게 하기 위한 것입니다. 그리고 모집된 그리스도의 병사는 대장되신 그리스도의 명령에 따라 절대복종해야만 합니다. 병사는 사생활이 없습니다. 그리고 부름을 받은 병사는 주님이 모든 것을 책임져주시기 때문에 생활에 대한 염려를 할 필요가 없습니다. 그래서 그리스도의 병사는 의식주 문제를 주님께 맡기고 부르신 분을 기쁘시게 해드리기 위해 충성해야 합니다.

땅 끝까지 가서 복음을 전하라고 했으면 복음을 전하는 것입니다. 서로 사랑하라고 했으면 사랑하는 것입니다. 교회를 봉사하라고 했으면 봉사하는 것입니다. 가서 모든 민족에게 제자를 삼으라고 했으면 제자를 삼는 것입니다. 대장되신 그리스도께 절대복종 하는 것입니다. 따라서 좋은 병사는 강한 병사요! 충성된 병사요! 고난을 감수하는 병사요! 부르신 자를 기쁘게 하는 병사입니다.

나눔의 시간

1. 본문에서 가장 마음에 와 닿은 말씀은 무엇입니까?

_____

_____

_____

_____

2. 왜 그 말씀이 가장 마음에 와 닿는다고 생각합니까?

_____

_____

_____

_____

3. 한 주간 동안 실천해야 될 말씀은 무엇입니까?

_____

_____

_____

_____

함께 공유할 기도제목

개인	
가정	
교회	
직장	

8월

은혜의 신앙생활

· 친밀하게 다가오신 예수님

· 기억해야 합니다

· 하나님을 만난 야곱

· 고침을 받은 나아만

· 애굽으로 내려간 아브람

• • •

제31과
친밀하게 다가오신 예수님

성경: 요한복음21:7~14

찬송: 456장   461장

"예수께서 가서서 떡을 가져다가 그들에게 주시고 생선도 그와 같이 하시니라 • 이
것은 예수께서 죽은 자 가운데서 살아나신 후에 세 번째로 제자들에게 나타나신 것이
라"(13~14절)

부름을 받은 제자들이 예수님의 십자가의 죽음과 부활을 목격하고 확인까지
했지만 그들이 돌아간 곳은 정작 증인의 현장이 아닌 갈릴리 바다였습니다.
그리고 고기를 잡기 위해 밤새도록 그물을 던졌지만 한 마리의 고기도 잡지
못했습니다. 그런데 그물을 배 오른편에 던져보라는 주님의 음성을 듣고 그물
을 던졌더니 고기가 많이 잡히게 되었습니다. 주님은 낙심가운데 있는 제자들
에게 기적과 사랑과 친밀감으로 다가가 주신 것입니다.

■ 우리는 미래를 향해 나아가야 합니다.

우리는 과거의 실패 때문에 미래를 포기하거나 결코 머물러 서서는 안 됩니
다. 우리는 실패자의 말투부터 바꾸어야 합니다. 실패자의 말투를 가지고 살아
가는 인생은 실패자의 인생을 살 수 밖에 없습니다. 우리는 승리자의 말투로
바꾸어야 합니다. '할 수 있다'고 선포해야합니다. '하나님이 하시면 가능하다'고
말해야합니다. 하나님을 믿고 선포하면 하나님께서 그 믿음을 통해 역사하시는

구역예배공과

145

것입니다. 우리는 하나님을 믿는 믿음 안에서 긍정적인 언어를 선포해야 합니다. 우리의 입술에 하나님이 함께 하실 때 기적이 일어나는 것입니다.

우리는 미래를 향해 비상해야 합니다. 꿈과 비전을 가지고 나가야합니다. 과거의 실패 때문에 결코 좌절하거나 미래를 포기해서는 안 됩니다. 실패한 과거를 붙들고 살아서도 안 됩니다. 과거를 교훈삼고 현재를 발판삼아 미래를 향해 담대하게 나아가야 합니다. 과거의 실패를 인생의 도약대로 삼고 힘차게 날아오르는 삶을 살아야합니다.

■ 우리는 부활하신 주님을 발견해야 합니다.

요한은 그물을 배 오른 편에 던지라고 하신 분이 부활하신 예수님이시라는 것을 제일 먼저 알아차립니다. 그리고 주님이시라는 말에 성미 급한 베드로가 제일 먼저 바다로 뛰어내립니다. 육지에 이르렀을 때 예수님은 숯불을 피워놓으시고 생선과 떡도 구워놓으셨습니다.

베드로가 숯불을 보는 순간, 무엇이 떠올랐을까요? 아마도 한 달 전쯤에 모닥불 가에서 예수님을 모른다고 부인했던 그 기억이 떠올랐을 것입니다. 구워놓은 생선을 보면서 삼년 전에 그곳에서 자신들을 부르셨던 것이 생각났을 것입니다. 예수님께서 아무 말씀도 하지 않으시지만 예수님과 제자들 사이에는 무언의 메시지들이 교감되는 순간들이었을 것입니다.

그때 베드로를 비롯한 여섯 명의 제자들이 예수님 앞에서 한없이 부끄러움과 죄책감과 두려움을 느꼈을 것입니다. 그럼에도 불구하고 예수님은 그들을 정죄하지 않으셨습니다. 오히려 따뜻한 사랑으로 품으시고 끌어안으시는 회복의 시간을 가진 것입니다. 우리는 삶의 현장 속에서 부활하신 주님을 발견해야 합니다. 요한은 부활하신 주님을 제일 먼저 발견하였습니다.

■ 우리는 영적인 양식을 먹어야 합니다.

밤새도록 고기잡이를 마치고 돌아온 제자들을 위해서 예수님은 조반을 차려 놓으셨습니다. 그리고 푸근한 음성으로 아침을 먹으라고 말씀하십니다. 그렇지만 제자들은 부활하신 예수님인 것을 알았기 때문에 누구 한사람 감히 묻는 자가 없습니다.

예수님은 떡도 가져다주십니다. 생선도 가져다주십니다. 예수님께서 조찬 써빙을 해주신 것입니다. "너희들, 왜 나를 배반했어!" "베드로, 너는 나를 모른다고 세 번이나 부인했지!" "그럴 수 있어?" "너희들에게 실망했어!" 예수님은 그렇게 정죄하시거나 책망하지 않으셨습니다. 오히려 예수님은 조용히 제자들에게 조반을 챙겨주시면서 친밀하게 다가가주십니다. 그리고 서먹했던 관계를 친밀한 관계로 회복시켜주십니다.

우리에게는 예수님과 같은 용납과 용서가 필요합니다. 서로 들추어내고 고발하고 헐뜯고 끌어내리는 것이 아니라 용납과 용서가 필요합니다. 사랑으로 서로 품어주는 것이 필요합니다. 그리고 주님께서 차려주신 양식을 먹어야 합니다. 매일 주님께서 베풀어주신 식탁에서 풍성한 영적인 양식을 먹어야 합니다. 그럴 때 다시 회복의 은총을 힘입어서 예수님의 부활의 영광을 힘입고 중인된 삶을 살아가게 될 것입니다.

나눔의 시간

1. 본문에서 가장 마음에 와 닿은 말씀은 무엇입니까?

2. 왜 그 말씀이 가장 마음에 와 닿는다고 생각합니까?

3. 한 주간 동안 실천해야 될 말씀은 무엇입니까?

<u>함께 공유할 기도제목</u>

개인	
가정	
교회	
직장	

• • •

제32과
기억해야 합니다

성경: 신명기15:15

찬송: 582장 580장

"너는 애굽 땅에서 종 되었던 것과 네 하나님 여호와께서 너를 속량하셨음을 기억하라 그것으로 말미암아 내가 오늘 이같이 네게 명령하노라"(15절)

광복절은 우리 민족이 일본에게 나라를 빼앗긴지 36년 만에 다시 되찾은 날입니다. 그날이 오기까지 수많은 애국 투사들이 나라의 독립을 위하여 투쟁하다 목숨을 잃었습니다. 우리 민족이 일제치하에서 광복을 맞은지 어느덧 67년이란 장구한 세월이 흘렀습니다. 우리는 다시 찾은 대한민국 조국강산을 다음 세대에게 길이길이 유산으로 물려주어야 할 것입니다. 그렇다면 광복을 맞은 우리 그리스도인들이 어떻게 살아야 할까요?

▣ 종 되었던 과거를 기억해야 합니다.

우리 그리스도인들은 역사의식을 가지고 살아야 합니다. 역사의식을 가지고 산다는 것은 과거를 기억하면서 사는 것을 의미합니다. 역사라는 말은 영어에 History(히스토리)인데 His와 Story가 합쳐진 말입니다. 따라서 History는 하나님의 역사를 말합니다. 성경에 보면 요셉이란 청년이 나옵니다. 요셉은 분명한 역사의식을 가진 청년이었습니다. 자신이 처한 고난의 상황 속에서 하나님의

구역예배공과

149

섭리적인 관점으로 역사를 바라본 것입니다. 역사의식을 가진 사람은 끊임없이 과거와 대화를 나누며 자신을 바라보며 사는 사람입니다.

하나님은 이스라엘 백성들에게 애굽 땅에서 종 되었던 과거를 기억하라고 했습니다. 우리가 고마운 사람을 기억할 때 감사가 나옵니다. 그리고 고난과 역경의 세월은 우리 인생에 최대의 스승이 되는 것입니다. 아픔과 고통스런 과거가 있었기에 오늘의 우리가 존재하는 것입니다. 런던 올림픽 체조경기에서 첫 금메달을 안겨준 양학선 선수는 어려운 환경을 딛고 금메달을 획득하였습니다. 우리가 지금은 어렵고 힘들지라도 감사하는 삶을 살 때 축복의 삶이 되는 것입니다. 과거의 삶이 힘들고 어려웠을지라도 과거를 기억하면서 오늘을 딛고 내일의 희망찬 미래를 열어가는 것입니다.

우리는 뼈아프고 초라했던 과거를 기억해야 합니다. 우리나라가 일제 식민지로 나라를 잃은 수모를 겪었습니다. 해방 직후에 우리나라 GNP는 23불 밖에 되지 않았습니다. 그런데 지금은 2만불이 넘는 시대가 되었습니다. 정치, 경제, 문화, 스포츠도 발전했습니다. 영적인 부흥도 일어났습니다. 한국교회도 이제는 천만을 넘는 성도가 되었습니다. 선교사 파송국가 세계 제2위 국가가 되었습니다. 우리 민족은 복을 받은 민족입니다. 복을 받은 우리 민족은 이제 복을 흘려보낼 차례가 되었습니다. 한국교회가 세계선교를 감당해야 합니다. 과거의 역사를 기억하고 역사의식을 가지고 새 역사의 장을 열어가야 합니다.

■ 속량해주신 하나님을 기억해야 합니다.

하나님은 애굽 땅에서 종 되었던 과거를 기억하고 라고 말씀하십니다(15절).

그리고 네 하나님 여호와께서 너를 속량하셨음을 기억하라고 말씀하십니다. 여기서 속량은 구속(Redeem)을 의미합니다. 애굽에서 종살이를 할 때 하나님의 은혜로 구속 받은 것을 말합니다. 하나님의 절대적인 은혜를 잊지 말고 기억하라는 것입니다. 여기서 기억하라는 말은 단순히 과거를 회상하라는 의미가 아니라 과거의 교훈을 현실에 적용하고 실천하며 살라는 것입니다.

과거에 우리는 사탄에게 매여 죄의 종노릇을 했던 사람들입니다. 그런데 하나님께서 긍휼을 베푸셔서 사탄의 권세아래 있는 우리를 건져내주시고 종의 몸에서 우리를 자유하게 해주셨습니다. 그래서 이제는 우리가 구속받은 하나님의 자녀가 되었고 자유의 몸이 되었습니다. 우리는 그 사실을 기억해야 합니다. 예수님은 우리의 죄를 담당하시기 위하여 십자가에서 몸이 찢기시고 피를 흘리시며 죽으셨습니다. 그 예수님 때문에 우리가 영혼의 해방을 맞이한 것입니다. 우리는 그 하나님 앞에 감사해야 합니다.

우리는 역사의식을 가지고 살아야 합니다. 역사의식을 가지고 사는 사람은 과거와 끊임없이 대화를 나누며 사는 사람입니다. 과거와 대화를 나누면서 자신을 바라보고, 교회를 바라보고, 국가를 바라보고, 세계를 바라보며, 그리고 영원한 세계를 바라보고 나가는 것입니다. 우리는 과거에 베풀어주셨던 하나님의 은혜를 기억하면서 자유와 해방을 주신 하나님께 감사하며 꿈과 희망과 비전을 가지고 힘차게 살아야 합니다.

나눔의 시간

1. 본문에서 가장 마음에 와 닿은 말씀은 무엇입니까?

2. 왜 그 말씀이 가장 마음에 와 닿는다고 생각합니까?

3. 한 주간 동안 실천해야 될 말씀은 무엇입니까?

함께 공유할 기도제목

개인	
가정	
교회	
직장	

● ● ●

제33과
하나님을 만난 야곱

성경: 창세기32:13~28

찬송: 336장 338장

"그가 이르되 네 이름을 다시는 야곱이라 부를 것이 아니요 이스라엘이라 부를
것이니 이는 네가 하나님과 및 사람들과 겨루어 이겼음이니라"(28절)

본문에 야곱이란 사람이 나옵니다. 야곱은 에서와 쌍둥이로 태어났습니다.
그렇지만 전혀 다른 운명의 길을 걸어간 사람입니다. 야곱은 에서의 장자권과
장자가 받을 축복까지도 빼앗아서 외삼촌 라반의 집으로 도망쳐버린 것입니다.
그리고 외삼촌 집에서 20년 동안 종처럼 살다가 다시 도망을 쳐서 고향으로
돌아옵니다. 그런데 형 에서가 군사를 거느리고 온다는 말에 심히 두려운 야곱
이 얍복 강가에서 하나님을 대면하게 됩니다. 본문은 야곱이 절박한 상황 가운
데서 하나님을 찾고 변화되어가는 과정을 보여주고 있습니다. 우리가 하나님을
만나기 위해서는 어떻게 해야 될까요?

■ 소중한 것을 포기해야 합니다.

야곱이 외삼촌 집에서 일하면서 얼마나 고생을 했는지 모릅니다. 더위와 추
위 속에서 양들을 지키고 눈 붙일 겨를이 없이 지냈습니다. 그리고 외삼촌 딸들
을 얻는데 14년을 바치고 6년을 더 봉사를 했는데 품삯을 열 번이나 바꾸었습니

다. 야곱이 고생 끝에 얻은 것이 지금 소유하고 있는 가족과 노비와 짐승 떼입니다. 그래서 야곱은 자신이 소유한 가족과 재산이 생명처럼 소중한 것이었습니다. 그런데 형 에서가 사백 인을 거느리고 야곱에게로 온다는 말을 듣고 야곱은 두렵고 답답했습니다. 그리고 자기 소유를 두 떼로 나누어서 에서에게 선물 공세를 펼쳤습니다. 자신과 가족들의 생명을 위해서 재물도 포기할 자세를 갖춘 것입니다. 지금까지 포기할 줄 몰랐던 야곱이 처음으로 포기할 마음을 가진 것입니다.

우리가 영원한 생명을 얻기 위해서는 소중한 것을 포기해야 합니다. 이 땅의 재물도 포기해야 합니다. 가장 소중히 여기는 것도 포기해야 합니다. 심지어는 내 가족까지도 포기해야 합니다. 그래야 영원한 생명을 얻을 수 있습니다. 야곱은 가장 소중한 것을 포기했을 때 하나님을 만나게 됩니다.

■ 하나님을 홀로 대면해야 합니다.

야곱이 심히 두렵고 답답한 심정을 가지고 두 떼를 나누어서 얍복 나루를 건넙니다. 그러나 자신은 홀로 남습니다. 혼자만의 시간을 가진 것입니다. 그런데 어떤 사람이 날이 새도록 야곱과 씨름을 합니다. 천사가 야곱을 이기지 못함을 보고 야곱의 허벅지 관절을 쳐버립니다. 그때 야곱의 허벅지 관절이 어긋나 버리고 말았습니다. 야곱의 허벅지 관절이 어긋나는 순간, 야곱의 고집과 속임수와 욕심이 꺾이는 순간이었습니다. 야곱이 점점 변화되어간 것입니다.

사람이 변화가 되려면 외롭고 답답한 자리에서 하나님과 독대하는 시간이 필요합니다. 외롭고 고독한 자리에서 하나님을 만나는 것입니다. 전직 문화부

장관을 지냈고, 우리 시대의 최고의 석학이라고 불리는 이어령 교수는 최근에 가정의 큰 우환을 통해서 세례를 받고 예수님을 믿게 되었습니다. 절박한 상황 가운데서 우환을 이겨내고 이성의 세계에서 영성의 세계로 들어가는 계기가 되었던 것입니다.

그렇습니다. 우리가 하나님을 만나기 위해서는 얍복 강가의 야곱처럼! 시내산의 모세처럼! 갈멜산의 엘리야처럼! 하나님을 홀로 대면하는 시간이 필요합니다.

■ 하나님을 만나는 기회를 만들어야 합니다.

날이 새어 가는데 야곱이 천사를 붙잡고 놓아주지를 않습니다. "당신이 내게 축복하지 아니하면 가게 하지 않겠나이다!" 야곱의 주특기는 붙잡는 것입니다. 뭐든지 손에 잡히는 대로 붙잡는 사람입니다. 그때 천사가 말합니다. "네 이름이 무엇이냐?" 야곱이 대답을 합니다. "야곱입니다!" 그때 천사가 야곱을 축복해 줍니다. "네 이름을 다시는 야곱이라 부를 것이 아니요 이스라엘이라 부를 것이니 이는 네가 하나님과 및 사람들과 겨루어 이겼음이니라"(28절).

우리가 모든 것을 잃었을 때 하나님을 만나는 기회가 됩니다. 위기는 기회이며 축복이 되는 것입니다. 야곱은 재산과 건강을 잃은 아픔을 겪었지만 하나님을 만나는 큰 복을 얻습니다. 절박한 상황 가운데서 하나님을 만나게 된 것입니다. 우리가 하나님을 만나기를 원한다면 자신의 소중한 것을 포기하고 하나님과 홀로 독대하는 시간이 필요합니다.

나눔의 시간

1. 본문에서 가장 마음에 와 닿은 말씀은 무엇입니까?

....

....

....

2. 왜 그 말씀이 가장 마음에 와 닿는다고 생각합니까?

....

....

....

3. 한 주간 동안 실천해야 될 말씀은 무엇입니까?

....

....

....

함께 공유할 기도제목

개인	
가정	
교회	
직장	

제34과
고침을 받은 나아만

성경: 열왕기하5:1~7

찬송: 337장   258장

"아람 왕의 군대장관 나아만은 그의 주인 앞에서 크고 존귀한 자니 이는 여호와께서 전에 그에게 아람을 구원하게 하셨음이라 그는 큰 용사나 나병환자더라"(1절)

본문은 이방인에게 이적을 베푼 내용이 나옵니다. 이스라엘에서 이방으로 이적이 점점 확대가 되어나간 것을 보여주고 있습니다. 그때 당시 아람 나라는 강대국이었는데 군대장관인 나아만이 나병에 걸린 것입니다. 그런데 이스라엘 한 여종으로부터 이스라엘에 병을 고칠 수 있는 하나님의 선지자가 있다는 소식을 듣습니다. 그리고 치유를 받고 하나님을 만나는 극적인 사건이 나옵니다. 본문이 우리에게 주는 교훈은 무엇입니까?

■ 세상 모든 역사는 하나님이 주관하십니다.

아람 나라 군대장관인 나아만은 그 나라에서 명성이 대단했고 왕에게 존귀함을 받는 사람이었습니다. 그렇지만 그는 나병환자였습니다. 과거에 우리나라에서도 나병환자들이 천대받는 때가 있었습니다. 일본 사람들이 나병환자들을 소록도에 감금시켜놓고 아이를 낳지 못하도록 단종대에서 강제 수술을 시행한 적도 있습니다.

나아만은 화려한 명성과 부를 가지고 있었지만 그 몸속에는 나병의 피가 흐르고 있었습니다. 그래서 그는 절망적인 상황에 놓여있었습니다. 그런데 하나님은 이미 나아만의 삶속에 깊이 개입을 하고 계셨습니다. "이는 여호와께서 전에 그에게 아람을 구원하게 하셨음이라"(1절). 하나님은 이방인인 나아만의 삶속에 깊이 개입하시고 역사하셨던 것입니다.

하나님은 이스라엘 역사뿐만 아니라 이 세상 역사까지도 주관하고 계십니다. 하나님은 전쟁에서 승리하게도 하시며 패배하게도 하십니다. 나라의 흥망성쇠를 주관하십니다. 개인의 생사화복도 주관하십니다. 하나님은 이 세상의 모든 역사를 주관하시는 분입니다.

■ 비천한 자를 통해서 복음이 증거 됩니다.
아람 나라가 이스라엘과 전쟁을 할 때에 국경 근처에서 이스라엘 소녀 하나를 사로잡았습니다. 그리고 나아만의 아내에게 수종을 들도록 했는데 그 여종이 자기 주인의 나병이 나을 수 있도록 이스라엘 선지자를 소개시켜준 것입니다. 여종의 말을 들은 나아만이 자신의 병을 치유 받고자 하는 희망을 가지고 이스라엘로 가게 됩니다.

여기에 나오는 이스라엘 여종은 전쟁에서 사로잡혀온 비천한 노예였습니다. 그렇지만 하나님은 그 비천한 여종을 통해서 주인의 나병이 치유 받을 수 있는 길과 하나님을 만날 수 있는 길을 열어주는 역할을 하게 하십니다. 우리 각자가 서있는 자리는 중요한 자리입니다. 그 자리가 하나님이 허락해주신 하나님의 뜻과 계획이 숨어있는 자리이기 때문입니다.

복음은 자신의 잘남이나 지혜나 명철이나 세상적인 부요함으로 전파되는 것이 아닙니다. 하나님은 천대받는 자들과 미련하고 약한 자들을 통하여 복음을 전파하는 통로로 사용하십니다. 그 이유는 누구도 자기를 자랑하지 못하게 하기 위해서입니다.

■ 말씀에 순종하는 자에게 은혜를 베푸십니다.

나아만이 자신의 병을 낫고자 해서 병거들을 거느리고 이스라엘 국경을 넘어갑니다. 그런데 엘리사 선지자는 만나지도 못하고 사자를 통해서 메시지를 전달 받습니다. "너는 요단강에 가서 몸을 일곱 번 씻으라!" "그리하면 네 살이 회복되어 깨끗하게 되리라!" 그 메시지를 전달받은 나아만은 몹시 화가 났습니다. 나아만의 생각에는 선지자가 나타나서 여호와의 이름을 부르고 환부에 손을 얹고 기도해줄 것이라고 생각했습니다.

그런데 요단강에 가서 일곱 번을 씻으라고 한 것입니다. 그래서 몹시 화가 난 나아만이 본국으로 돌아가려고 했으나 부하들의 설득으로 요단강에 들어가서 몸을 일곱 번 잠그게 되었습니다. 그런데 놀라운 기적이 일어났습니다. 나아만의 살이 어린아이의 살 같이 깨끗하게 회복이 된 것입니다.

그때 나아만이 이렇게 고백합니다. "내가 이제 이스라엘 외에는 온 천하에 신이 없는 줄을 아나이다"(15절). 나아만의 이 신앙고백은 본문의 가장 절정적인 내용입니다. 기적은 순종할 때 일어납니다. 내 생각과 달라도 하나님은 말씀 앞에 순종하는 자에게 은혜를 베풀어주십니다.

나눔의 시간

1. 본문에서 가장 마음에 와 닿은 말씀은 무엇입니까?

_____

_____

_____

2. 왜 그 말씀이 가장 마음에 와 닿는다고 생각합니까?

_____

_____

_____

3. 한 주간 동안 실천해야 될 말씀은 무엇입니까?

_____

_____

_____

_____

함께 공유할 기도제목

개인	
가정	
교회	
직장	

제35과
애굽으로 내려간 아브람

성경: 창세기12:10~20

찬송: 379장   390장

"그 땅에 기근이 들었으므로 아브람이 애굽에 거류하려고 그리로 내려갔으니 이는 그 땅에 기근이 심하였음이라... 원하건대 그대는 나의 누이라 하라 그러면 내가 그대로 말미암아 안전하고 내 목숨이 그대로 말미암아 보존되리라 하니라"(10,13절)

우리가 세상을 살면서 믿음으로 승리할 때도 있지만 실패를 경험할 때도 있습니다. 그리고 신앙이 바닥을 칠 때도 있습니다. 어떤 때는 우리 자신이 포기해 버리고 싶을 때도 있고, 어떤 때는 발버둥 쳐보지만 우리 힘으로는 역부족일 때도 있습니다. 그때 우리가 인간적인 방법을 동원하여 위기를 극복하려고 시도해보기도 합니다. 그렇다면 우리 그리스도인들이 어떻게 살아야합니까? 본문은 아브람의 삶을 통하여 우리에게 교훈해줍니다.

■ 인간은 전적인 하나님의 은혜로 삽니다.

하나님께서 아브람에게 갈대아 우르를 떠나라고 말씀하셨을 때 결단하고 떠났습니다. 그리고 가나안 땅에 들어갔는데 그 땅에 극심한 흉년이 들어 기근이 찾아온 것입니다. 기근은 몇 가지 이유 때문에 찾아옵니다. 첫째는 자연재해로 인하여 찾아오는 경우가 있습니다. 둘째는 인간의 죄악 때문에 찾아오는 경우도 있습니다. 셋째는 하나님을 섬기지 않으므로 찾아오는 재앙인 경우도 있습

구역예배공과

161

니다. 기근 앞에서는 누구도 장사가 없습니다. 그래서 아브람은 극심한 기근을 잠시 피하기 위하여 애굽으로 내려갔던 것입니다.

아브람이 애굽에 내려간 것은 기근 때문에 내려가기도 했지만, 한편으로는 하나님의 약속을 붙드는 믿음이 약해졌기 때문입니다. 우리 인간이 강한 것 같지만 환경 앞에서는 아주 나약한 존재입니다. 인생에 기근이 찾아오고 환경이 어려워지면 한없이 나약해지는 것이 우리 인간입니다. 그래서 우리에게 절대적으로 필요한 것이 하나님의 은혜입니다. 따라서 인간은 하나님의 전적인 은혜로 살아가는 것입니다.

▣ 인간적인 처신술을 사용할 때 실패합니다.

아브람이 기근으로 인해서 애굽으로 내려갔는데 그곳에 가까이 도착했을 때 그의 마음속에 두려움이 찾아왔습니다. "애굽 사람이 나를 죽이면 어떡하지?" "나는 죽이고 사래는 살리겠지?" 이런 죽음에 대한 공포와 두려움을 느끼게 된 것입니다. 그래서 아브람이 사래에게 "그대는 나의 누이라 하라" 그렇게 제안을 했던 것입니다. 아주 기가 막힌 현실적인 타협을 한 것입니다. 실제로 사래는 아름다운 외모를 갖추고 있었습니다. 그래서 아브람이 지극히 인간적인 제안을 한 것입니다.

그렇다면 아브람이 사래에게 누이라고 하라는 말이 왜 잘못입니까? 실제로 아브람과 사래 사이는 사촌지간입니다. 그렇지만 사래는 엄연한 아브람의 아내이기 때문입니다. 또한 아브람의 말속에는 거짓의 동기가 숨어있었습니다. 아브람이 꾸민 계략은 지극히 인간적인 계산과 불신앙에서 나온 것이었습니다. 그리고 살아남기 위한 생존수단으로 임기응변적인 거짓말을 한 것입니다. 이

시대를 살아가는 우리도 인간적인 처신술이나 거짓말을 조심해야 합니다. 거짓은 죄이기 때문에 버려야 하는 것입니다.

■ 하나님의 도우심의 손길은 때와 장소를 초월합니다.

아브람이 애굽에 도착했을 때 애굽 사람들이 사래를 보고 그 미모에 감탄을 합니다. 그래서 바로왕 앞에서 칭찬을 하고 사래를 바로의 궁전으로 이끌어 들입니다. 사래가 바로왕의 후궁으로 들어간 것입니다. 바로왕은 자기 사촌여동생을 후궁으로 들여보낸 아브람에게 극진한 대접을 해줍니다. 그것은 마치 신랑이 신부 집에 예물을 지불하듯이 많은 결혼예물을 준 것입니다. 양과 소와 노비와 암수나귀와 낙타를 선물로 주었습니다. 그래서 아브람의 소유가 풍성해지게 되었습니다.

그러나 아브람은 인간적인 처신술로 살아남기 위해 거짓말을 했다가 자기 계략에 빠지고 만 것입니다. 자기 아내를 바로왕의 후궁으로 들여보낸 아브람의 심정이 어떠했습니까? 그런데 하나님은 아브람과 사래를 보호하시기 위하여 개입을 하십니다. 아브람과 사래는 장차 메시야를 탄생시킬 씨를 생산해 낼 당사자들이기 때문입니다. 그래서 하나님은 바로 왕에게 재앙을 내리시고 사래를 보호하신 것입니다.

한편으로 바로왕은 영문도 모른 채 아브람 한 사람의 실수 때문에 큰 재앙을 당한 것입니다. 그래서 바로가 아브람을 책망하고 후한 지참금을 주어서 애굽의 국경까지 데려다줍니다. 여기서 아브람의 비영웅적인 모습을 보게 됩니다. 하나님의 도우심의 손길은 때와 장소를 초월하여 나타납니다. 그러므로 우리는 인생의 주최가 되시는 전능하신 하나님을 의지하고 살아가야 합니다.

나눔의 시간

1. 본문에서 가장 마음에 와 닿은 말씀은 무엇입니까?

....

....

....

2. 왜 그 말씀이 가장 마음에 와 닿는다고 생각합니까?

....

....

....

3. 한 주간 동안 실천해야 될 말씀은 무엇입니까?

....

....

....

함께 공유할 기도제목

개인	
가정	
교회	
직장	

9월

제자도의 신앙생활

· 삼각관계의 신앙

· 말씀과 성령의 두 날개

· 말씀을 사모하라

· 제자들에게 나타나신 예수님

• • •

제36과
삼각관계의 신앙

성경: 요한복음15:1~7

찬송: 336장   304장

"나는 포도나무요 너희는 가지라 그가 내 안에, 내가 그 안에 거하면 사람이 열매를 많이 맺나니 나를 떠나서는 너희가 아무 것도 할 수 없음이라"(5절)

예수님은 십자가의 죽음을 앞에 두시고 최후의 기도를 하시기 위하여 겟세마네 동산으로 가시는 도중이었습니다. 예수님은 십자가를 지셔야 되는 중대한 문제가 앞에 놓여 있었습니다. 그때 예수님은 바쁜 일정 속에서 제자들에게 중요한 메시지를 전하십니다.

요한복음 15장은 예수님이 십자가를 짊어지시기 전에 제자들에게 주셨던 유언장과 같은 말씀입니다. 그 말씀이 바로 참 포도나무와 가지의 비유입니다. 예수님 자신을 참 포도나무에, 우리를 가지에, 그리고 하나님을 농부에 비유를 하심으로서 삼각관계의 신앙을 설명해주고 있습니다.

■ 예수님은 참 포도나무입니다.

예수님은 참 포도나무이며 우리는 그의 가지라고 말씀하셨습니다. 가지는 참 포도나무에 붙어있어야만 합니다. 만약에 가지가 참 포도나무 원줄기에 붙어있지 않으면 열매를 맺지 못합니다. 그리고 열매를 맺지 아니하면 그 가지를 제해버리신다고 하였습니다. 우리가 참 포도나무이신 예수님 안에 거하면 유익이 따르게 됩니다.

첫째는 많은 열매를 맺게 됩니다. 우리가 예수님 안에 거하고 말씀 안에 거하며 성령 안에 거할 때 풍성한 양질의 열매를 맺게 됩니다(갈5:22-23). 우리 성도가 양질의 열매를 풍성하게 맺게 될 때 농부 되신 하나님이 흐뭇해하실 것입니다. 그리고 그 과실을 먹는 사람들은 행복해 할 것입니다. 그러므로 우리는 양질의 풍성한 열매를 맺으며 살아야 합니다. 둘째는 능력을 부여받게 됩니다(5절). 셋째는 밖에 버려지지 않습니다(6절). 예수님과 연합한 사람들은 마지막 심판 때에 버림을 당하지 않게 됩니다.

■ 우리 성도는 가지입니다.

성도를 가리켜서 가지라고 말씀하십니다. 가지된 우리는 원줄기에 붙어있어야만 합니다. 만약에 가지된 우리가 원줄기 되신 예수님께 붙어있지 않으면 말라버리게 됩니다. 가지가 원줄기에 붙어있다는 것은 예수님과 함께 동행 하는 삶을 의미합니다. 우리는 어려울 때일수록 하나님과 동행해야 합니다. 고난이 찾아올수록 예수님과 동행해야 합니다. 환난이 극심할수록 성령님과 동행해야 합니다. 성부, 성자, 성령하나님은 우리의 도움의 근원이 되시기 때문입니다. 환난과 고난 중에서 우리가 바라볼 분은 오직 우리 하나님 뿐입니다.

■ 하나님은 농부입니다.

하나님은 농부로서 무조건 가지를 치시는 분은 아닙니다. 하나님은 넉넉한 농심(農心)을 가지고 계신 분입니다. 농부 되신 하나님은 포도나무가 잘 자라기를 원하십니다. 그리고 시간과 정성을 들여 가꾸십니다. 농부 되신 하나님은 두 가지 성품을 가지고 계십니다.

첫째는 공의로운 성품입니다. 농부가 인내하며 정성을 들여 포도나무를 가꾸는데도 열매를 맺지 않으면 가지를 잘라 없애버립니다. 즉 마지막까지 예수님과 연합하지 않는 사람은 하나님께서 심판을 하십니다. 둘째는 사랑의 성품입니다. 하나님은 사랑의 성품을 가지고 계신 분입니다. 그분은 사랑으로 우리를 돌보십니다. 그리고 열매 맺기를 원하십니다.

■ 성취되는 삶을 살게 됩니다.

우리가 주님 안에 거하고 주님이 우리 안에 거하실 때 무엇이든지 원하는 대로 이루어주신다고 말씀하고 있습니다. 우리가 기도할 때 응답받는 비결이 있습니다.

첫째는 관계를 형성해야 합니다(7절). 하나님과 우리와의 끈끈한 관계가 형성이 된 후에, 우리가 원하는 것을 구할 때 하나님이 응답을 해주십니다. 둘째는 회개해야 합니다(시66:18절). 먼저는 내 안에 있는 죄를 없애버려야 합니다. 죄가 가로막혀 있으면 응답이 이루어지지 않습니다. 셋째는 하나님의 뜻을 좇아야 합니다(약4:2-3). 바른 동기를 가지고 기도할 때 응답이 이루어집니다. 넷째는 믿음으로 구해야 합니다(마21:22). 우리가 믿고 구할 때 응답을 받게 됩니다.

나눔의 시간

1. 본문에서 가장 마음에 와 닿은 말씀은 무엇입니까?

_____

_____

_____

2. 왜 그 말씀이 가장 마음에 와 닿는다고 생각합니까?

_____

_____

_____

3. 한 주간 동안 실천해야 될 말씀은 무엇입니까?

_____

_____

_____

함께 공유할 기도제목

개인	
가정	
교회	
직장	

제37과
말씀과 성령의 두 날개

성경: 사도행전2:1~4

찬송: 197장 192장

"오순절 날이 이미 이르매 그들이 다같이 한 곳에 모였더니 • 홀연히 하늘부터 급하고 강한 바람 같은 소리가 있어 그들이 앉은 온 집에 가득하며 • 마치 불의 혀처럼 갈라지는 것들이 그들에게 보여 각 사람 위에 하나씩 임하여 있더니 • 그들이 다 성령의 충만함을 받고 성령이 말하게 하심을 따라 다른 언어들로 말하기를 시작하니라"(1~4절)

사도행전에 보면 크게 두 가지 역사가 나옵니다. 첫째는 말씀의 역사입니다. 둘째는 성령의 역사입니다. 사도행전 2장에는 오순절 성령강림사건이 나옵니다. 오순절 날 120명의 성도들이 한 장소에 모여 기도할 때 성령이 바람 같이! 불같이! 강력하게 임하게 되었습니다. 그때 거기에 모여 있던 사람들이 성령의 충만함을 받게 되었습니다. 그리고 다른 방언으로 말하기를 시작하였습니다. 사도행전에는 크게 두 가지의 역사가 나옵니다.

■ 말씀의 역사입니다.

말씀이 선포될 때에 기적의 역사들이 일어나게 되었습니다. 베드로가 성전 미문에 앉아서 구걸하고 있는 앉은뱅이를 향하여 믿음으로 선포하였습니다. "은과 금은 내게 없거니와 내게 있는 이것을 네게 주노니 나사렛 예수 그리스도의 이름으로 일어나 걸으라!" 그때 기적이 일어난 것입니다. 이런 기적들은 오늘날에도 일어나고 있습니다. 각종 암들, 질병들, 마음의 고통들, 우울증, 귀신의 역사들이 떠나가는 기적이 일어납니다. 말씀의 역사는 믿음으로 선포할 때 일어납니다. 어린아이와 같이 믿음으로 선포할 때 역사가 일어납니다.

히브리서 4장 12절은 말씀이 얼마나 큰 능력을 가지고 있는지를 보여주고 있습니다. 첫째, 죽은 영혼을 살리는 능력을 가지고 있습니다. 둘째는, 치유하는 능력을 가지고 있습니다. 하나님의 말씀은 죽은 영혼을 살리며 좌우에 날선 검처럼 예리하여 영혼과 육체까지도 관통을 하며 사람의 생각과 뜻까지도 꿰뚫는 능력을 가지고 있습니다.

따라서 하나님의 말씀 앞에서는 모든 육체와 영혼이 다 드러나고 만물이 벌거벗은 것 같이 다 드러나게 됩니다. 이것이 말씀의 능력입니다. 사도행전교회는 이런 말씀의 능력이 있는 교회였습니다.

■ 성령의 역사입니다.

사도행전 2장에 나오는 성령의 역사는 신약교회가 역동성을 가지고 뻗어나가는 중요한 출발점이 됩니다. 성령의 역사 없이는 교회가 세워지지 않습니다.

"마의 11분"(Critical 11 Minutes)라는 말이 있습니다. "마의 11분"은 비행중의 가장 위험한 시간대를 가리킨다고 합니다. 이륙할 때 3분, 착륙할 때 8분을 가리키는 말입니다. 대부분의 비행사고 74퍼센트가 마의 11분에 발생하고 있다고 합니다. 그 이유는 커다란 동체를 공중으로 끌어올리기 위해서는 엔진에 불을 붙여야 하는데 만약에 조그만 불꽃이라도 생기면 비행기가 폭발할 가능성이 크기 때문입니다. 모든 엔진에 불을 붙여야 커다란 동체가 비행할 수 있습니다.

그런 것처럼 교회가 부흥하려면 모든 엔진에 불을 붙여야 합니다. 교역자라는 엔진에도 불을 붙여야 하고, 장로님, 권사님, 집사님, 교사, 찬양대라는 엔진에도 불을 붙여야 합니다. 모든 성도들의 엔진에 불을 붙여야 합니다. 성령의 불을 붙여야 합니다. 그래야 사도행전교회처럼 힘차게 날아오를 수 있습니다.

■ 다음 세 가지 사건이 중요합니다.

첫째는, 오순절 마가의 다락방의 성령의 역사입니다. 성령의 역사하심이 우리의 심령마다 일어나야 합니다. 둘째는, 영국 올더스게이트 광장의 역사입니다. 올더스게이트 광장은 요한 웨슬레가 말씀을 통한 성령의 역사로 변화를 받았던 장소입니다. 그곳에서 웨슬레는 가슴이 뜨거워진 체험을 하게 되었으며 죄에서 해방되는 느낌을 받게 되었습니다. 말씀을 통한 강력한 성령의 역사가 일어난 것입니다.

셋째는, 교회 안에서의 성령의 역사입니다. 각 교회가 마가의 다락방이 되고, 영국 올더스게이트 광장이 되게 만드는 것입니다. 성령의 역사로 말미암아 이 시대에 거룩한 하나님의 뜻을 이루어 나가는 교회가 되게 만드는 것입니다.

그렇다면 무엇으로 그렇게 만들 수 있을까요? 그것은 바로 말씀의 역사와 성령의 역사입니다. 즉 말씀과 성령이라는 두 날개입니다. 이 두 날개를 달고 모든 엔진에 불을 붙이는 것입니다. 그리고 교회라는 거대한 동체를 띄우는 것입니다. 그리고 창공을 향하여 힘차게 날아오르는 것입니다. 말씀과 성령의 두 날개를 달고 힘차게 날아오르는 역동적인 교회가 되게 하는 것입니다.

나눔의 시간

1. 본문에서 가장 마음에 와 닿은 말씀은 무엇입니까?

....

....

....

2. 왜 그 말씀이 가장 마음에 와 닿는다고 생각합니까?

....

....

....

3. 한 주간 동안 실천해야 될 말씀은 무엇입니까?

....

....

....

<u>함께 공유할 기도제목</u>

개인	
가정	
교회	
직장	

제38과

말씀을 사모하라

성경: 느헤미야8:1~6

찬송: 200장 202장

"에스라가 모든 백성 위에 서서 그들 목전에 책을 펴니 책을 펼 때에 모든 백성이 일어서니라 • 에스라가 위대하신 하나님 여호와를 송축하매 모든 백성이 손을 들고 아멘 아멘 하고 응답하고 몸을 굽혀 얼굴을 땅에 대고 여호와께 경배하니라"(5~6절)

이스라엘 백성들이 하나님 앞에 불순종하고 우상을 섬긴 죄로 인하여 나라가 멸망을 당하고 맙니다. 그리고 바벨론 포로로 끌려가서 70년 동안 포로생활을 하게 됩니다. 예레미야 선지자의 예언대로 바벨론에서 70년간 포로생활을 마쳤을 때 바사 왕 고레스에 의해서 귀환 명령이 내려집니다. 그리고 3차에 걸쳐서 귀환하게 됩니다.

제1차는 스룹바벨에 의해서, 제2차는 에스라에 의해서, 제3차는 느헤미야에 의해서 각각 귀환하게 됩니다. 스룹바벨은 하나님의 성전을 재건하고, 에스라는 신앙을 재건하며, 느헤미야는 성벽을 재건합니다.

오늘 본문은 에스라에 의해서 신앙을 재건하는 내용이 나옵니다. 에스라는 제사장이면서 성경에 능통한 사람입니다. 에스라는 포로지에서 돌아온 백성들에게 말씀을 해석해주고 깨닫게 해주는 중요한 역할을 합니다. 그리고 그 말씀을 통해서 놀라운 역사가 일어납니다.

구역예배공과

175

▣ 말씀은 하나 됨을 가져옵니다.

이스라엘 백성들이 바벨론 포로지에서 귀환하여 무너진 성벽을 쌓았습니다. 성벽을 쌓는데 방해 세력들이 나타납니다. 그럼에도 불구하고 느헤미야는 리더십을 발휘하여 백성들과 함께 인내를 가지고 성벽을 쌓아나갑니다. 백성들에게 용기를 주고, 희망을 불어넣어주고, 담대하게 해서 성벽을 쌓아나간 것입니다.

마침내 온 백성이 한마음이 되어서 성벽을 쌓은 결과 훼파된 예루살렘 성벽을 52일 만에 완공하게 됩니다. 성벽을 완공한 후에 온 백성들이 수문 앞 광장에 모였습니다. 거기에는 남자와 여자와 무릇 알아들을 만한 모든 사람들이 다 모였습니다. 말씀에 대한 사모함과 갈급함을 가지고 모인 것입니다. 그리고 말씀 앞에서 모든 백성들이 하나가 되었습니다.

▣ 말씀은 영적인 부흥을 가져옵니다.

학사 에스라가 특별히 지은 강단에 서서 모든 백성들 앞에서 모세의 율법책을 펼쳐놓고 낭독하였으며 또한 깨닫게 해주었습니다. 그때 백성들은 하나님의 말씀 앞에서 아멘 아멘으로 응답을 하였습니다. 사도행전교회는 성령의 역사와 함께 말씀의 역사가 있었습니다. 성령이 역사하는 곳에는 말씀의 역사가 나타납니다. 말씀이 역사하는 곳에는 성령이 역사를 합니다. 사도행전교회는 말씀의 역사를 통한 영적부흥이 일어났습니다.

16세기에 스위스 제네바에서 종교개혁을 일으켰던 존 캘빈은 교회의 표징을 다음과 같은 세 가지로 요약하였습니다. 첫째, 말씀선포가 있어야 하고, 둘째는 성례가 있어야 하며, 셋째는 권징이 있어야 참된 교회라고 하였습니다. 특별히 캘빈은 교회는 말씀이 선포되는 곳이라고 하였습니다. 왜냐하면 온전한 말씀이 있어야 교회가 생명력이 있기 때문입니다.

요한 웨슬레는 영국 올더스게이트 광장에서 말씀의 불을 받고 영국사회에 영적인 부흥을 일으켰던 주인공입니다. 따라서 말씀은 영적부흥을 가져오는 원동력입니다.

■ 말씀은 참된 회개를 가져옵니다.

학사 에스라가 여호와의 율법책을 낭독하고 그 뜻을 해석해 주었습니다. 그 뜻이 무엇인지 자세히 풀어 해석해 줄 때 백성들이 그 말씀의 뜻을 깨닫게 되었습니다. 그리고 그동안 여호와의 율법대로 살지 못했던 죄를 회개하면서 눈물을 흘렸습니다. 말씀 앞에서 진정한 반응을 보인 것입니다. 진정한 말씀의 역사는 회개를 불러일으킵니다. 딱딱한 마음이 갈아엎어지고 깨어지고 부서져서 기경이 되는 것입니다.

호세아 선지자는 "너희 묵은 땅을 기경하라"고 외쳤습니다. 척박하고 딱딱하게 굳어있고 냉랭한 마음의 밭을 기경하여 옥토를 만들라는 것입니다. 회개한 심령은 옥토와 같은 심령이 됩니다. 옥토와 같은 심령에 씨를 뿌리면 30배, 60배, 100배의 풍성한 결실을 맺게 됩니다.

1907년 평양 장대현교회에서는 말씀을 통한 회개운동이 일어났습니다. 그 회개와 함께 부흥의 불길은 전국으로 확산이 되었습니다. 그러므로 우리 안에 진정한 회개가 이루어져야 하며 말씀의 회복이 일어나야 합니다. 말씀을 통한 참된 회개는 영적부흥을 가져옵니다.

나눔의 시간

1. 본문에서 가장 마음에 와 닿은 말씀은 무엇입니까?

....

....

....

....

2. 왜 그 말씀이 가장 마음에 와 닿는다고 생각합니까?

....

....

....

....

3. 한 주간 동안 실천해야 될 말씀은 무엇입니까?

....

....

....

....

함께 공유할 기도제목

개인	
가정	
교회	
직장	

●●●

제39과

제자들에게 나타나신 예수님

성경: 요한복음20:19~23

찬송: 165장   161장

"이날 곧 안식 후 첫날 저녁 때에 제자들이 유대인들을 두려워하여 모인 곳의 문들을 닫았더니 예수께서 오사 가운데 서서 이르시되 너희에게 평강이 있을지어다●이 말씀을 하시고 손과 옆구리를 보이시니 제자들이 주를 보고 기뻐하더라"(19~20절)

안식 후 첫날, 예수님께서 사망권세를 깨뜨리시고 부활하셨습니다. 부활은 기적의 사건입니다. 부활은 신비한 사건입니다. 기독교는 빈 무덤의 종교가 아닙니다. 기독교는 죽은 종교가 아니라 살아있는 생명력을 가진 종교입니다. 만약에 부활이 없다면 기독교는 존재할 수 없으며 또한 존재할 가치도 없을 것입니다. 그러나 예수님은 무덤 문을 여시고 다시 살아나셔서 제자들에게 나타나셨습니다.

■ 너희에게 평강이 있을 지어다.

혹시라도 예수님처럼 붙잡혀서 죽지 않을까하여 두려워 떨고 있는 겁쟁이들에게 예수님이 찾아오셨습니다. 문을 잠근 채로 숨을 죽이며 숨어 있는 제자들이 있는 곳에 나타나신 것입니다. 첫째로 예수님은 제자들에게 사랑과 관심을 가지고 찾아오십니다. 둘째로 예수님의 부활체는 우리의 육체와는 다른 모습으

구역예배공과

179

로 나타나십니다. 예수님의 영화로운 부활체를 입고 부활하셨습니다. 우리 성도들도 주님의 재림 때에 예수님처럼 영화로운 부활에 동참하게 될 것입니다. 그러므로 우리 성도는 부활에 대한 소망을 가지고 살아야 합니다. 부활은 소망이요! 은혜요! 축복이요! 영광입니다.

구원받은 자에게는 참된 평강이 주어집니다. 주님께서 주시는 평강은 세상이 주는 평강과 다릅니다. 주님의 평강은 누구도 흔들 수 없는 평강입니다. 이 세상은 끊임없이 요동을 칩니다. 북한의 핵문제, 금융위기, 질병, 경제적인 어려움... 등으로 세상은 요동을 칩니다. 이런 세상에서 우리는 근심과 두려움을 주님께 맡기고 주님의 평강을 소유하고 살아야 합니다.

■ 나도 너희를 보내노라.

예수님은 제자들을 파송하셨습니다. 교회는 늘 파송이 이루어지는 공동체가 되어야 합니다. 주일날 모여서 예배를 드린 성도들이 다시 세상 속으로 파송을 받아 가는 것입니다. 예수님의 부활의 승리를 경험하고 세상 속으로 들어가는 것입니다. 그리고 파송된 우리 그리스도인들은 부활의 기쁨과 소망을 담대하게 증거 하면서 살아야 합니다. 이것이 우리 그리스도인의 삶입니다.

교회는 사해바다처럼 고여 있는 곳이 되어서는 안 됩니다. 갈릴리 바다처럼 흘려보내는 순환이 이루어져야 합니다. 순환이 이루어질 때 건강한 교회가 될 수 있습니다. 그러므로 교회는 늘 새로워져야 합니다.

교회가 지역에 있는 어려운 사람들에게 관심을 가지고 돌보는 곳이 되어야 합니다. 또한 낙도교회, 농어촌교회, 도시빈민교회, 미자립교회들에게 관심을 가지며 선교에 눈을 떠야 합니다. 교회는 이웃을 섬기는 공동체가 되어야 합니다. 빛과 소금의 역할을 감당하며 그리스도의 향기를 발하며 또한 그리스도의 편지가 되어야 합니다. 작은 섬김이라도 주님은 그것을 기억하시며 결단코 그 상을 잃지 않게 될 것입니다. 교회는 늘 보내는 교회가 되어야 합니다.

■ 성령을 받으라.

예수님께서 성령을 받으라고 하신 말씀은 아주 중요한 의미를 가지고 있습니다. 성령을 받으라는 말씀은 새로운 창조의 역사를 의미하며 생명을 잃은 자에게 새로운 생명을 불어넣는 것을 의미합니다. 예수님께서 숨을 내쉬면서 생명을 불어넣으셨습니다. 그것은 마치 하나님이 아담을 창조하시고 나서 그 코에 생기를 불어 넣는 것과 같습니다. 에스겔 골짜기에 마른 뼈들에게 생기를 불어 넣는 것과 같습니다.

이 말씀은 "누구든지 목마르거든 내게로 와서 마시라 나를 믿는 자는 성경에 이름과 같이 그 배에서 생수의 강이 흘러나오리라"는 말씀의 성취이기도 합니다. 예수님은 곧 생수가 되십니다.

왜 예수님께서는 성령을 받으라고 하셨을까요? 성령을 받아야만 부활의 증인될 수 있기 때문입니다. 그래서 예수님은 위로부터 능력을 덧입을 때까지 예루살렘 성에 머물라고 하셨습니다. 그리고 제자들이 마가의 다락방에서 간절히 기도할 때에 오순절 날 성령이 임하게 되었고 사도행전교회가 탄생하게 되었던 것입니다. 이와 같이 성령님이 역사하는 곳에는 새로운 창조의 역사가 일어나게 됩니다.

나눔의 시간

1. 본문에서 가장 마음에 와 닿은 말씀은 무엇입니까?

....

....

....

....

2. 왜 그 말씀이 가장 마음에 와 닿는다고 생각합니까?

....

....

....

....

3. 한 주간 동안 실천해야 될 말씀은 무엇입니까?

....

....

....

....

함께 공유할 기도제목

개인	
가정	
교회	
직장	

10월

전도하는 신앙생활

- 어떤 길을 걷고 계십니까?
- 거듭난 그리스도인
- 잃은 것을 찾으라
- 칠십인 전도대 파송

제40과

어떤 길을 걷고 계십니까?

성경: 요한복음14:6

찬송: 525장   278장

"예수께서 이르시되 내가 곧 길이요 진리요 생명이니 나로 말미암지 않고는 아버지께로 올 자가 없느니라"(6절)

사람들은 이런 질문들에 대하여 궁금해 합니다. 이 세상은 어떻게 창조되었을까? 지구는 어떻게 생겨났을까? 우주의 세계는 어떻게 생겨났을까? 인간은 이 지구상에 어떻게 존재하게 된 것일까요? 인간은 진화된 것일까? 아니면 창조된 것일까? 동물과 식물은 어떻게 생겨난 것일까? 천국과 지옥은 존재하는 것일까? 성경은 이런 질문들에 대한 답을 주고 있습니다.

■ 성경은 위대한 선언으로부터 시작합니다.

창세기 1장 1절은 그야말로 세상을 깜짝 놀라게 할 만한 하나님의 위대한 선언으로부터 시작하고 있습니다. "태초에 하나님이 천지를 창조하시니라!" 이 세상이 처음 시작될 때 하나님이 창조하셨다는 것입니다. 하나님이 하늘을 창조하시고 땅을 창조하셨습니다. 하늘에는 우주천체가 있습니다. 우주천체 속에는 지구도 있고 달도 있고 태양도 있으며 별들도 있습니다. 우주의 세계가 얼마나 크고 넓은지 그리고 우주 안에 있는 별들이 얼마나 많은지 헤아릴 수 없이

구역예배공과

많습니다.

과학자들에 의하면 태양의 크기가 얼마나 큰지 지구를 백만 개나 담고도 그 공간이 남는다고 합니다. 태양 속에 지구를 백만 개를 넣는다고 생각해보십시오! 상상이 갑니까? 우리 눈에 보이지 않는 어떤 별은 이런 태양을 5억 개나 담을 수 있다고 합니다. 더 놀라운 사실은 어떤 은하수는 거대한 별들이 천억 개가 모여서 형성이 되어있다고 합니다.

따라서 이 우주천체의 크기라는 것은 인간의 머리로는 계산할 수 없고 상상할 수 없는 크기입니다. 이런 우주의 세계를 누가 만드셨을까요? 성경은 하나님이 만드셨다고 선언하고 있습니다. 참으로 놀라운 사실입니다.

■ 인간은 하나님의 최고의 걸작품입니다.

하나님은 천지를 창조하시고 우주공간에 사람을 창조하셨습니다. 하나님께서 흙으로 빚으시고 그 코에 생기를 불어넣으셨습니다. 하나님께서 우주공간에 만물의 영장으로서 사람을 주인공으로 만들어놓으신 것입니다. 하나님은 사람을 자신의 형상대로 창조하셨습니다. 그리고 인간을 창조하시고 "보시기에 심히 좋았더라"고 하셨습니다. 하나님은 인간을 하나님의 작품 중에 최고의 걸작품으로 만들어주신 것입니다.

그런데 인간이 하나님께서 따먹지 말라고 한 선악과를 따먹고 말았습니다. 에덴동산 중앙에 있는 선악과만큼은 따먹지 말라고 하셨습니다. 그것을 먹는 날에는 반드시 죽으리라고 하셨습니다. 그런데 인간이 사탄의 유혹을 받아서 따먹고 만 것입니다. 그래서 인간이 하나님께 범죄를 하게 되고 영원한 죽음에 이르게 된 것입니다. 그 결과로 하나님의 최고의 걸작품인 인간과 하나님과의 관계가 단절되어버리고 만 것입니다.

▣ 예수님은 우리 인생의 길이 되십니다.

인간이 범죄 함으로 영원한 죽음에 이르게 되었습니다. 그런데 하나님께서 영원히 죽게 된 인류를 구원하시기 위하여 자신의 가장 사랑하는 독생자를 보내 주시고 죄를 대신 짊어지게 하셨습니다. 그래서 죄 없으신 예수님이 인간의 죄를 짊어지시고 십자가에서 죽으신 것입니다. 그래서 누구든지 예수 그리스도를 믿는 자는 심판을 받지 않고 영생을 얻게 되었습니다.

요한복음 3장 16절에 말씀하고 있습니다. "하나님이 세상을 이처럼 사랑하사 독생자를 주셨으니 이는 그를 믿는 자마다 멸망하지 않고 영생을 얻게 하려 하심이라." 하나님은 우리 모두를 사랑하십니다. 그래서 예수 그리스도를 보내 주셨으며 누구든지 그를 믿는 자는 멸망하지 않고 영생을 얻게 하셨습니다. 예수님은 우리 인생의 길이 되십니다.

길도 여러 가지 길이 있습니다. 그런데 예수님의 길은 하나밖에 없는 유일한 길입니다. 요한복음 14장 6절 말씀하고 있습니다. "예수께서 이르시되 내가 곧 길이요 진리요 생명이니 나로 말미암지 않고는 아버지께로 올 자가 없느니라." 예수님은 길이 되시며 진리가 되시며 생명이 되십니다. 따라서 예수님은 영원한 생명의 길이 되십니다.

나눔의 시간

1. 본문에서 가장 마음에 와 닿은 말씀은 무엇입니까?

_____

_____

_____

2. 왜 그 말씀이 가장 마음에 와 닿는다고 생각합니까?

_____

_____

_____

3. 한 주간 동안 실천해야 될 말씀은 무엇입니까?

_____

_____

_____

함께 공유할 기도제목

개인	
가정	
교회	
직장	

● ● ●

제41과

거듭난 그리스도인

성경: 요한복음3:1~10

찬송: 94장   269장

"예수께서 대답하시되 진실로 진실로 네게 이르노니 사람이 물과 성령으로 나지
아니하면 하나님의 나라를 볼 수 없느니라 • 육으로 난 것은 육이요 영으로 난 것은
영이니 • 내가 네게 거듭나야 하겠다 하는 말을 놀랍게 여기지 말라"(5~7절)

예수님은 사람이 떡으로만 사는 존재가 아니라 하나님의 입으로부터 나오는
말씀으로 사는 존재라고 말씀하십니다. 인간은 경제적인 문제만 해결된다는 사
는 존재가 아닙니다. 왜 많은 사람들이 자살을 할까요? 반드시 잘 산다고 행복
지수가 높을까요? 이것은 경제적인 논리만으로는 답이 나오지 않는 질문입니
다. 인간은 떡으로만 사는 존재가 아니라 하나님의 말씀으로 사는 존재이기
때문입니다. 니고데모는 유대인의 지도자였습니다. 그런데 밤중에 예수님을 찾
아왔습니다. 왜 그가 밤중에 예수님을 찾아왔을까요? 뭔가 해결하고 싶은 영적
인 답답한 문제가 있었기 때문입니다.

■ 어떻게 하나님의 나라를 볼 수 있습니까?

"어떻게 하나님의 나라를 볼 수 있을까요?" 이 질문은 우리 인간에게 있어서
가장 중요한 핵심적인 질문입니다. 3절의 말씀은 예수님께서 니고데모의 정곡

구역예배공과

을 찌르는 말씀입니다. 사실 니고데모는 성경에 대해서 잘 알고 있는 선생입니다. 그렇지만 영생의 문제는 잘 모르고 있었습니다. 영생의 문제는 돈이나, 권력이나, 지식으로 해결할 수 있는 문제가 아닙니다. 많은 사람들이 질문을 합니다. "어떻게 천국에 들어갈 수 있습니까?" "어떻게 영생을 얻을 수 있습니까?" 이 질문에 대한 해답을 얻은 사람은 큰 복을 받은 사람입니다.

예수님께서 말씀하시기를 사람이 거듭나지 않으면 하나님의 나라를 볼 수 없다고 말씀하십니다. 천국을 보려면 반드시 거듭나야만 합니다. 그렇다면 거듭난다는 말이 무슨 뜻일까요? 니고데모는 거듭난다는 말이 이해가 되지 않자 이렇게 질문을 합니다. "사람이 늙으면 어떻게 날 수 있습니까?" "두 번째 모태에 들어갔다가 날 수 있습니까?" 니고데모는 거듭난다는 말을 잘 이해하지 못하였습니다. 그래서 육적으로 생각을 했던 것입니다.

모태에 들어갔다가 다시 태어난다는 말은 인간의 이성과 상식으로는 도저히 이해가 되지 않는 부분입니다. 엄마 뱃속에 다시 들어갔다가 어떻게 다시 때어날 수 있겠습니까? '거듭난다'는 말은 '위로부터 새롭게 태어난다'는 뜻입니다. 하나님께서 위로부터 새롭게 태어나게 해주시는 것입니다.

■ 어떻게 거듭난 그리스도인이 될 수 있습니까?

예수님은 거듭날 수 있는 방법을 가르쳐주십니다. 그것은 물과 성령으로 거듭나야 한다는 것입니다. 여기서 "물"은 세례를 가리키며 세례를 통해서 거듭나는 것입니다. 세례는 예수님과 연합하는 것입니다. 그리고 예수님의 십자가의 죽으심과 장사지냄과 부활에 동참하는 것입니다. 그래서 나의 옛사람은 죽고 새사람으로 태어나는 것을 의미합니다.

어떻게 거듭날 수 있습니까? 첫째는 물로 씻음을 받고 거듭나는 것입니다. 물로서 우리 안에 더덕더덕 붙어있는 죄들을 씻어내는 것입니다. 우리의 영혼과 육체 안에 묻어있는 더러운 죄들을 씻어내는 것입니다. 회개를 통해서 죄를 토해내는 것입니다. 둘째는 성령을 통하여 거듭나는 것입니다. 거듭남의 역사는 반드시 성령의 역사를 통하여 일어나는데 성령께서 내 안에서 신비한 생명의 사건을 일으키는 것입니다.

거듭나는 것은 두 번째 태어나는 것입니다. 첫 번째 출생은 엄마 뱃속에서 태어납니다. 두 번째 출생은 성령께서 내 안에서 죽은 영혼을 살리는 신비한 사건입니다. 그것이 거듭남의 역사입니다. 성령의 신비한 사건은 마치 바람이 임의로 부는 것처럼 그렇게 임의로 역사를 하는 것입니다.

바람의 특징이 있습니다. 바람은 임의로 불며 어느 방향으로 불지 예측할 수 없습니다. 그리고 육안으로 볼 수 없으며 결과만 나타납니다. 성령의 역사도 마찬가지입니다. 성령께서 언제, 어떻게 우리의 마음을 움직이시고 변화시킬지 모르는 것입니다. 성령의 역사는 마치 바람이 임의로 부는 것처럼 임의로 역사를 하는 것입니다. 그러므로 영적으로 거듭난 그리스도인이 되어야만 하나님의 나라를 볼 수 있습니다.

나눔의 시간

1. 본문에서 가장 마음에 와 닿은 말씀은 무엇입니까?

_____

_____

_____

2. 왜 그 말씀이 가장 마음에 와 닿는다고 생각합니까?

_____

_____

_____

3. 한 주간 동안 실천해야 될 말씀은 무엇입니까?

_____

_____

_____

함께 공유할 기도제목

개인	
가정	
교회	
직장	

• • •

제42과

잃은 것을 찾으라

성경: 누가복음15:1~7

찬송: 250장   277장

"예수께서 그들에게 이 비유로 이르시되 • 너희 중에 어떤 사람이 양 백 마리가 있는데 그 중에 하나를 잃으면 아흔아홉 마리를 들에 두고 그 잃은 것을 찾아내기까지 찾아다니지 아니하겠느냐"(3~4절)

오늘 본문에는 잃어버린 것을 찾는 내용이 나옵니다. 예수님의 말씀을 듣기 위해서 모든 세리들과 죄인들이 예수님께 가까이 다가왔습니다. 그때 당시 세리들과 죄인들은 사회적으로 버림당하고 소외된 계층의 사람들이었습니다. 그런 부류의 사람들이 예수님께 가까이 다가와서 함께 음식을 먹는 광경을 지켜보고 바리새인들과 서기관들이 예수님을 비난하고 경멸하였습니다. 그때 예수님께서 다음과 같은 세 가지의 비유를 말씀하십니다.

■ **잃은 양을 찾은 목자의 비유입니다.**

어떤 목자에게 양 백 마리가 있었는데 그중에 한 마리를 잃게 되면 그 잃어버린 한 마리의 양을 찾기 위해 백방으로 노력을 하지 않겠느냐는 것입니다. 그리고 잃어버린 한 마리의 양을 찾아서 위험한 지경에 빠진 양을 기어코 찾아낸다는 것입니다. 그리고 그 양을 찾았을 때 즐거워하며 어깨에 메고 집에 돌아와

친구들과 이웃들을 불러놓고 잔치를 벌이면서 기뻐한다는 것입니다. 이것이 예수님의 마음입니다. 예수님은 잃어버린 한 마리의 양을 찾았을 때 기뻐하십니다. 예수님은 죄인 한 사람이 회개하면 하늘에서는 회개할 것 없는 의인 아흔아홉을 인하여 기뻐하는 것보다 더 기뻐하신다고 하였습니다. 한 영혼이 돌아왔을 때 주님이 기뻐하신다는 것입니다.

■ 잃어버린 드라크마를 찾은 여인의 비유입니다.

어떤 여자에게 열 드라크마가 있었는데 한 드라크마를 잃어버렸습니다. 그 드라크마는 한 데나리온 가치를 지닌 동전으로서 노동자의 하루 품삯에 해당되는 동전입니다. 열 드라크마는 유대사회에서 결혼할 때 남자가 여자에게 주는 사랑의 증표이기도 합니다. 그리고 지참금으로 열 드라크마를 꿰어서 여자의 머리에 두르게 해주었습니다. 그 여자에게 있어서는 없어서는 안 될 매우 소중한 것입니다.

그래서 그 여자가 잃어버린 한 드라크마를 찾기 위해서 등불을 밝히고 온 집안을 쓸며 그 드라크마를 찾을 때까지 부지런히 찾는다는 것입니다. 그리고 그 동전을 찾았을 때 친구들을 불러놓고 잔치를 베풀면서 기뻐하게 된다는 이야기입니다. 이와 같이 죄인 한 사람이 회개하고 돌아오면 하나님의 사자들 앞에서 기쁨이 된다는 것입니다.

■ 잃어버린 아들을 찾은 아버지의 비유입니다.

어떤 아버지에게 두 아들이 있었습니다. 큰 아들은 집에 있으면서 불평하는 탕자였고, 둘째 아들은 아버지의 재산을 가지고 집을 나간 탕자였습니다. 둘째 아들은 행복의 신기루를 찾아서 먼 미지의 세계로 떠납니다. 그리고 자기가 가지고 있는 모든 재산을 탕진하고 맙니다. 그리고 기아(starvation)에 허덕이게 됩니다. 그래서 돼지가 먹는 쥐엄 열매로 배를 채우고자 해도 주는 자가 없었습니다. 결국은 아버지를 생각하고 자신의 잘못을 뉘우치기로 결심하고 아버지 집으로 돌아갑니다. 그때 아버지는 돌아온 아들을 반갑고 따뜻하게 맞아줍니다. 인내와 사랑과 긍휼과 자비로운 마음으로 아들을 맞아준 것입니다.

우리 하나님은 탕자와 같은 죄인들을 기다리고 계십니다. 그리고 한 영혼이 돌아왔을 때 하나님은 기뻐하며 춤을 추십니다. 이것이 아버지의 마음입니다.

◉ 세 가지 비유의 특징이 있습니다.

첫째는, 점점 숫자가 축소됩니다. 잃은 양 일 백 마리! 잃은 드라크마 열 개! 잃어버린 한 아들이 나옵니다. 그것은 소수의 숫자인 한 영혼의 소중함을 보여주고 있습니다.

둘째는, 하나님께 나아가는 방법을 가르쳐줍니다. 하나님께 나아가는 방법은 회개인 것을 가르쳐 주고 있습니다. 죄인 된 인간이 회개하고 나아갈 때 아버지께서는 어떤 죄라도 용서해주시고 받아주신다는 것입니다.

셋째는, 삼위일체 하나님의 구원사역을 보여주고 있습니다. 잃어버린 양을 찾는 목자의 비유에서는 예수님을, 잃은 드라크마를 찾은 여인의 비유에서는 성령님을, 잃은 아들을 찾는 아버지의 비유에서는 성부 하나님을 각각 보여주고 있습니다. 구원사역은 삼위일체 하나님의 사역입니다.

세 가지 비유의 공통점이 있습니다. 첫째는 찾는다는 것입니다. 둘째는 잔치를 벌인다는 것입니다. 셋째는 기뻐하고 즐거워한다는 것입니다. 그러므로 우리는 천하보다 귀한 한 영혼을 찾아야 합니다.

구역예배공과

나눔의 시간

1. 본문에서 가장 마음에 와 닿은 말씀은 무엇입니까?

_____

_____

_____

2. 왜 그 말씀이 가장 마음에 와 닿는다고 생각합니까?

_____

_____

_____

3. 한 주간 동안 실천해야 될 말씀은 무엇입니까?

_____

_____

_____

함께 공유할 기도제목

개인	
가정	
교회	
직장	

제43과

칠십인 전도대 파송

성경: 누가복음10:1~16

찬송: 495장   501장

"그 후에 주께서 따로 칠십 인을 세우사 친히 가시려는 각 동네와 각 지역으로 둘씩 앞서 보내시며 • 이르시되 추수할 것은 많되 일꾼이 적으니 그러므로 추수하는 주인에게 청하여 추수할 일꾼들을 보내주소서 하라"(1~2절)

태초에 하나님께서 인간을 창조하시고 에덴동산을 축복의 장소로 허락해주셨습니다. 그런데 인간이 범죄하고 난 이후에 영원한 죽음에 이르게 되었습니다. 그런데 하나님께서 우리 인간을 구원하시기 위하여 예수 그리스도를 보내주십니다. 그리고 누구든지 그를 믿는 자는 영생을 얻게 되었습니다. 그래서 우리가 구원자 되시는 예수 그리스도를 전파하는 것입니다. 예수 그리스도는 길이요 진리요 생명이 되십니다. 오늘 본문에서 예수님은 칠십인의 전도대를 파송하시고 전도를 하게 하십니다.

■ **칠십인의 전도대를 파송하십니다.**

주님을 따르는 제자는 확실하게 따라야 합니다. 제자는 세상에 미련을 두어서는 안됩니다. 담대한 믿음과 성령님의 인도하심을 따라 주님을 따르는 제자가 되어야 합니다. 예수님은 70명의 제자들을 따로 세우시고 각 동네와 각 지역으로 두 사람씩 짝을 지어 파송하셨습니다. 예수님께서 70명의 전도대를 파송하신 목적은 추수할 것은 많은데 추수할 일꾼들이 절대적으로 부족하기 때문에 일꾼들을 부르시기 위한 것이었습니다. 예수님은 제자들을 파송하시면서 이리가 양을 물어뜯는 것처럼 복음을 전파할 때 닥칠 환난과 핍박이 있을 것을 예견하시고 말씀하십니다. 그리고 몇 가지 지침을 주십니다.

첫째는 전도를 나갈 때 전대나 배낭이나 신발을 가지고 가지 말라고 하셨습니다. 모든 의식주 문제를 하나님께 전적으로 맡기고 나가라는 것입니다. 둘째는 길에서 아무에게나 문안하지 말라고 하셨습니다. 복음전파의 긴급성과 우선순위를 말씀하신 것입니다. 셋째로 어떤 집에 들어가든지 평안을 빌어주라고 하셨습니다. 따라서 우리는 전도의 긴급성과 우선순위를 가지고 전도에 힘써야 합니다.

■ 하나님나라를 전파하라고 말씀하십니다.

어느 동네에 들어가든지 영접을 하고 먹을 것을 차려주면 먹고, 또한 병자들을 고쳐주라고 하셨습니다. 병자를 고쳐주는 것은 예수님의 명령이며, 또한 병자가 고침을 받는 것은 하나님의 나라가 임한 표적입니다. 그리고 하나님의 나라를 선포하라고 하셨습니다. 그런데 만약에 어느 동네에서든지 영접하지 않으면 발에 묻은 먼지조차도 떨어버리라고 하였습니다. 두 사람씩 짝을 지어서 보내신 이유는 증인을 삼기 위한 것이었습니다.

하나님의 나라는 성경 전체의 주제가 됩니다. 창세기부터 요한계시록까지 하나님의 나라를 보여주고 있습니다. 구원받은 성도가 하나님의 나라에 들어가서 하는 일이 있습니다. 첫째는 이 땅에서의 수고를 그치고 안식하게 됩니다. 둘째는 믿음의 성도들과 함께 교제를 나누게 됩니다. 셋째는 하나님을 경배하게 됩니다. 넷째는 하나님을 완전하게 알게 됩니다. 다섯째는 하나님과 함께 영원히 왕 노릇하게 됩니다. 그러므로 우리는 증인으로서 하나님의 나라를 전파해야 합니다.

■ 복음을 거절한 자는 심판을 받습니다.

창세기에 나오는 소돔성은 죄악이 가득 찬 도성으로서 하나님의 심판으로 말미암아 유황불에 타서 심판을 당하고 말았습니다. 그런데 고라신과 벳세다는 갈릴리 바다 근처에 있는 동네들인데 그곳에서 가장 많은 기적들을 행하셨지만 그들이 예수님을 거부했던 것입니다. 그런데 예수님은 그때 당시에 타락하고 부패한 두로와 시돈 땅에 복음을 전하였다면 그들이 회개하였을 것이라고 말씀하십니다.

우리가 전도를 해보면 복음을 받아들이기 까다로울 것이라고 생각했던 사람이 의외로 쉽게 받아들이는 경우가 있습니다. 그러나 그 반대적인 경우도 있습니다. 전도는 사람이 겉으로 봐서는 잘 모릅니다. 그리고 함부로 판단할 수도 없습니다. 그래서 예수님은 전도의 미련한 것으로 믿는 자들을 구원하시기를 기뻐하셨던 것입니다. 우리가 전도의 미련한 방법으로 한 영혼 한 영혼의 마음의 문을 노크해 보는 것입니다. 그리스도의 복음을 거절한 자는 심판을 받습니다.

그러므로 우리는 복음을 거절한 자들이 심판을 받지 않도록 전도의 사명을 감당해야 합니다. 첫째는 복음전할 사람들을 찾아서 세워야 합니다. 둘째는 복음전파의 긴급성을 가지고 항상 복음전파에 힘써야 합니다. 셋째는 마지막 때에 심판이 있다는 사실을 기억해야 합니다. 넷째는 그리스도의 복음을 위임받은 대사로서 충성스럽게 복음 전파하는 일을 감당해 나가야 합니다.

구역예배공과

나눔의 시간

1. 본문에서 가장 마음에 와 닿은 말씀은 무엇입니까?

_____

_____

_____

2. 왜 그 말씀이 가장 마음에 와 닿는다고 생각합니까?

_____

_____

_____

3. 한 주간 동안 실천해야 될 말씀은 무엇입니까?

_____

_____

_____

_____

함께 공유할 기도제목

개인	
가정	
교회	
직장	

11월

감사하는 신앙생활

- 그리스도의 십자가 사랑

- 염려하지 말라

- 여호와께 감사하라

- 두려워하지 말라

- 용서하시는 예수님

제44과
그리스도의 십자가 사랑

성경: 로마서5:8

찬송: 302장 304장

"우리가 아직 죄인 되었을 때에 그리스도께서 우리를 위하여 죽으심으로 하나님께서 우리에 대한 자기의 사랑을 확증하셨느니라"(8절)

로마서는 정말 귀한 책입니다. 로마서는 크게 세 가지의 메시지가 들어있습니다. 첫째는 구원의 메시지요, 둘째는 선교의 메시지요, 셋째는 삶의 메시지입니다. 로마서는 믿음으로 의롭다함을 얻는 이신칭의가 들어있습니다. 그리고 로마를 선교하고 서바나를 선교하기 위해서 기록된 책이며, 세계의 심장부인 로마교회를 이단으로부터 보호하기 위한 목적을 가지고 기록된 책입니다.

로마서에는 구원의 핵심 메시지인 '오직 의인은 믿음으로 산다'는 메시지가 들어있습니다. 로마서 5장에는 예수를 믿고 구원받는 사람의 삶에 대해서 기록하고 있습니다. 첫째는 하나님과 화평을 누리는 삶을 살아야 하며, 둘째는 하나님의 영광을 바라보고 즐거워하며, 셋째는 환난 중에서도 소망을 가지고 살라고 하였습니다. 그리고 오늘 본문에서 중요한 세 가지의 메시지를 전달해주고 있습니다.

■ 우리 인간은 죄인입니다.

인간은 타락하고 부패한 죄인입니다. 하나님 앞에 스스로 나갈 수 없고 의를 행할 수도 없는 죄인입니다. 에덴동산에서 선악과를 따먹은 이후로 인간은 무능력한 죄인으로 전락해버리고 말았습니다. 그래서 바울은 로마서 3장에서 인간의 적나라한 실상에 대해서 언급하고 있습니다. "의인은 없나니 하나도 없으며," "깨닫는 자도 없고 하나님을 찾는 자도 없으며," "다 치우쳐 무익한 인간"이 되어버렸다는 것입니다.

이것이 타락한 인간의 현주소입니다. 인간의 어리석음은 자기의 영광을 풀 먹는 소의 영광으로 바꾸어버렸습니다(시106:19-20절). 그런 죄인을 위하여 하나님이 누구를 보내주셨습니까? 자신의 가장 사랑하는 독생자 예수 그리스도를 보내주신 것입니다. 그래서 누구든지 그를 믿으면 구원을 받게 하셨습니다. 이것이 그리스도의 십자가 사랑입니다.

■ 예수님은 십자가를 짊어지셨습니다.

하나님은 죄인 된 우리 인간을 구원하시기 위하여 예수님을 십자가를 짊어지게 하셨습니다. "우리가 아직 죄인 되었을 때에 그리스도께서 우리를 위해 죽으셨도다"라고 하였습니다(8절). 십자가에서 죽으신 예수님은 긍휼에 풍성하신 분이십니다. 십자가는 기독교의 가장 중심입니다. 기독교의 가장 중심에는 십자가가 있습니다. 십자가 없는 기독교는 있을 수 없습니다.

십자가는 죄에 대한 승리입니다. 십자가는 사탄에 대한 승리입니다. 십자가는 율법에 대한 승리입니다 십자가는 죄 용서에 대한 선언입니다. 십자가는 악에 대한 궁극적인 승리입니다. 십자가! 십자가! 이 십자가는 우리의 자랑입니다. 예수님이 지신 십자가는 능력의 십자가요! 구원의 십자가요! 치유의 십자가입니다.

■ 하나님의 사랑을 확증하셨습니다.

무엇을 통하여 하나님의 사랑을 확증해 보이셨습니까? 십자가의 죽음을 통해서 자기의 사랑을 확증해 보이신 것입니다. 죽음보다 더 강한 사랑은 없습니다. 사랑하는 사람을 위해서 죽어주는 것보다 더 큰 사랑이 어디 있겠습니까? 예수님은 인류를 위하여 십자가에서 죽어주신 사랑입니다. 그 사랑은 초월적인 사랑이요! 아가페적인 사랑이요! 무조건적인 사랑이요! 절대적인 사랑입니다! 바울은 우리를 그리스도의 사랑에서 누구도 끊을 수 없다고 하였습니다.

한번 구원받은 백성은 누구도 그리스도의 사랑에서 끊을 수 없습니다. 환난이나 곤고나 박해가 끊을 수 없습니다. 배고픔이나 헐벗는 것이 끊을 수 없습니다. 위험이나 칼이 결코 그리스도의 사랑에서 끊을 수 없습니다. 이것이 그리스도의 사랑입니다.

십자가는 놀라운 능력을 가지고 있습니다. 십자가의 사랑은 우리 개인뿐만 아니라 이 민족과 세계 열방 민족을 구원시키는 능력을 가지고 있습니다. 십자가는 우겨 쌈을 당하는 것과 같은 세상 속에서 승리할 수 있는 근거가 되는 것입니다.

나눔의 시간

1. 본문에서 가장 마음에 와 닿은 말씀은 무엇입니까?

2. 왜 그 말씀이 가장 마음에 와 닿는다고 생각합니까?

3. 한 주간 동안 실천해야 될 말씀은 무엇입니까?

함께 공유할 기도제목

개인	
가정	
교회	
직장	

염려하지 말라

성경: 마태복음6:31~33

찬송: 390장   382장

"그러므로 염려하여 이르기를 무엇을 먹을까 무엇을 마실까 무엇을 입을까 하지
말라 • 그런즉 너희는 먼저 그의 나라와 그의 의를 구하라 그리하면 이 모든 것을
너희에게 더하시리라 • 그러므로 내일 일을 위하여 염려하지 말라 내일 일은 내일이
염려할 것이요 한 날의 괴로움은 그날로 족하니라"(31,33~34절)

예수님은 산상수훈을 통하여 제자들에게 차원 높은 천국의 윤리를 가르쳐주
십니다. 제자의 삶은 하나님을 믿지 않는 이방인들처럼 세상 염려에 얽매여
사는 것이 아니라 좀 더 차원 높은 삶을 살아야 한다는 것을 가르쳐주고 있습니
다. 의식주 문제나 물질의 풍요만을 추구하는 삶은 창조주를 무시하는 우상숭
배적인 삶입니다. 그렇다면 우리 그리스도인들이 추구하며 살아야 할 가치 있
는 삶은 무엇입니까?

▣ 하나님의 나라와 그의 의를 구하는 삶입니다.

하나님께서 모든 삶을 책임져 주실 것이기 때문에 모든 것을 맡기고, 첫째는
하나님의 나라를 구하라는 것입니다. 둘째는 그의 의를 구하라는 것입니다. 우
리는 이 두 가지의 우선순위를 추구하며 살아야 합니다. 무엇이 더 중요하고
덜 중요한지를 잘 구분하고 우선순위를 따라 살아야합니다.

예를 들어 말씀을 묵상하는 것과 화장실 가는 것 중에 더 중요한 것은 말씀을 묵상하는 것입니다. 화장실 가는 것은 급한 일이지 결코 중요한 문제는 아닙니다. 따라서 우리가 우선순위를 추구하며 살 때 뒤죽박죽되지 않는 정돈된 삶을 살아갈 수 있습니다.

하나님의 나라를 구한다는 것은 하나님의 통치권을 인정한다는 뜻입니다. 인간이 만든 나라는 불안정하고 언젠가 무너지게 되어있습니다. 세상의 어떤 제국이나 왕권도 영원하지 않습니다. 역사의 무대에서 군림했던 제국들, 통치자들도 다 사라지고 말았습니다. 이것이 역사가 교훈해 주는 것입니다. 그러나 하나님의 나라는 영원한 것입니다. 그리고 하나님의 명령에 순종하며 사는 것이 하나님나라의 의를 구하는 삶입니다.

■ 하나님의 약속을 붙들고 사는 삶입니다.

예수님은 앞으로 하나님나라를 위해 살아갈 제자들에게 말씀하십니다. 모든 삶을 책임져 주실 것이기 때문에 하나님의 통치권을 인정하고 그분의 명령에 절대순종하며 살라는 것입니다. 그렇게 우선순위를 추구할 때 모든 것을 더해주신다는 것입니다. 여기서 "더해주신다"는 것은 인간의 노력으로 보태지는 것이 아니라 오직 하나님께서 보태주시는 것을 의미합니다.

미국의 부흥사였던 무디는 빌립보서 4장 19절 말씀을 가지고 "부도나지 않는 하나님의 은행"이라고 말했습니다. '나의 하나님은 은행장이 되시고, 예수 그리스도는 지점장이 되시고, 은행잔고는 영광가운데 풍성한 대로 채워져 있고, 한도액은 모든 쓸 것이라'고 했습니다.

그렇습니다. 하나님의 나라를 위해서 사는 사람들에게는 부도나지 않는 하나님의 은행이 있습니다. 은행잔고는 영광가운데서 풍성한대로 채워져 있고, 한도액은 언제든지 쓸 수 있는 백지수표로 준비되어 있습니다. 우리의 은행장 되신 하나님께 기도를 드리면 언제든지 풍성한대로 사용할 수 있도록 해주십니다. 그러므로 우리는 하나님의 약속의 말씀을 붙들고 살아야 합니다.

■ 하나님께 맡기고 사는 삶입니다.

현대인들의 3대 염려가 있습니다. 그것은 ① 무엇을 먹을까? ② 무엇을 입을까? ③ 무엇을 마실까? 입니다. 이 지구상의 모든 인류가 공통적으로 안고 있는 문제입니다. 인간이 먹고사는 의식주 문제입니다. 그런데 예수님은 이런 것들은 이방인들이 구하는 것이며 하나님이 필요한 것을 다 아시기 때문에 염려하지 말라고 말씀하십니다.

이 세상은 참 만족을 주지 못합니다. 타락한 세상은 고난의 연속이 있을 뿐입니다. 이런 세상 속에서 우리 그리스도인들은 천국을 소망하며 하나님께 맡기는 삶을 살아야 합니다. 염려 대신에 하나님께 맡기는 삶을 살게 되면 염려와 근심과 걱정이 물러가게 됩니다. 사탄은 우리에게 순간순간 염려와 근심과 걱정과 두려움을 가져다줍니다. 그러나 성령님은 우리에게 하나님을 신뢰하게 만드십니다. 그리고 우리의 생각을 긍정적이고 창조적으로 이끌어주십니다.

그러므로 우리는 하나님나라의 가치를 추구하는 삶을 살아야 합니다. 즉 하나님의 나라와 의를 구하며 하나님의 약속을 붙들고 세상 염려를 다 내려놓고 맡기는 삶을 사는 것입니다.

나눔의 시간

1. 본문에서 가장 마음에 와 닿은 말씀은 무엇입니까?

_____

_____

_____

2. 왜 그 말씀이 가장 마음에 와 닿는다고 생각합니까?

_____

_____

_____

3. 한 주간 동안 실천해야 될 말씀은 무엇입니까?

_____

_____

_____

_____

함께 공유할 기도제목

개인	
가정	
교회	
직장	

●●●

제46과

여호와께 감사하라

성경: 시편136:16~26

찬송: 589장 590장

"그의 백성을 인도하여 광야를 통과 하게 하신 이에게 감사하라 그 인자하심이
영원함이로다 • 큰 왕들을 치신 이에게 감사하라 그 인자하심이 영원함이로다 • 유명
한 왕들을 죽이신 이에게 감사하라 그 인자하심이 영원함이로다" (16~18절)

우리가 한해를 돌아보면 감사할 일들이 참 많다는 것을 발견하게 됩니다.
감사는 우리의 삶에 기적을 일으키는 요소입니다. 감사는 신앙의 열매와 같은
것입니다. 감사는 축복의 통로가 되고 기적의 재료가 됩니다. 성경은 감사하는
것이 은혜이며 축복이라고 말씀합니다. 본문에 나오는 시편 기자는 이스라엘의
역사 속에 개입하신 여호와께 감사하라고 하였습니다. 그렇다면 우리가 무엇을
감사해야 할까요?

■ 고난을 통과하게 하신 하나님께 감사해야 합니다.

광야는 고난의 대명사입니다. 광야는 황폐함과 불가능과 절망의 상징입니다.
인간은 누구나 광야를 통과하게 되어있습니다. 광야는 통과하는 곳이지 그곳이
종착지가 아닙니다. 광야를 지나가는 것처럼 고난은 통과하는 과정에 불과 합
니다. 중국 광조우에서 우루무치까지는 열차를 타고 무려 100시간 가까이를

구역예배공과

211

달려야 합니다. 꼬박 일주일을 달리는 셈입니다. 그런데 우루무치까지 가려면 고비사막을 이틀 동안 통과해야만 합니다. 아무리 사막이 광대하고 끝이 없어 보여도 사막은 통과하는 과정이지 목적지가 아닙니다. 우리가 당하는 고난은 아무리 커보여도 끝이 있습니다.

사람이 고난을 당하는데 여러 가지 방법을 통해서 고난을 당합니다. 관계와 물질과 건강과 가족과 자녀 등을 통해서 고난을 받습니다. 하나님은 고난을 통해서 우리를 가르치시고 깨우쳐주시고 성숙하게 만들어주십니다. 그래서 고난이 축복이 되는 것입니다. 하나님은 고난의 광야를 통해서 하나님의 형상으로 다듬어 가십니다. 그러므로 우리는 고난의 광야를 통과하게 하신 하나님께 감사해야 합니다.

■ 풍성한 기업을 주신 하나님께 감사해야 합니다.

하나님은 이스라엘 백성들을 애굽에서 이끌어 내셔서 광야를 통과하게 하시고 가나안을 기업으로 주셨습니다. 그리고 마침내 가나안에 들어가게 하십니다. 하나님께서 가나안을 약속하셨으면 반드시 인도해 주십니다. 하나님이 비전을 주셨으면 그 비전도 반드시 이루어주십니다.

우리가 현실을 바라보면 낙심이 되고 절망이 됩니다. 그러나 주님을 바라보면 꿈과 소망과 비전이 생깁니다. 하나님이 주신 비전은 반드시 이루어집니다. 하나님이 약속하셨으면 혹독한 광야도 문제가 되지 않습니다. 먹을 양식이 없어도 문제가 되지 않습니다. 마실 물이 없어도 문제가 되지 않습니다. 아무리 강한 대적이 있어도 문제가 되지 않습니다. 왜냐하면 하나님께서 가나안을 약속하셨으면 반드시 이루어주시기 때문입니다.

상황과 환경이 중요하지 않습니다. 하나님이 약속하셨느냐가 더 중요합니다. 하나님이 약속하셨으면 반드시 약속한 기업을 주십니다. 그러므로 우리는 하나님을 신뢰해야 합니다. 그리고 기업을 주신 하나님께 감사해야 합니다.

■ 죄와 사망가운데서 구원해 주신 하나님께 감사해야 합니다.

과거에 이스라엘은 비천한 가운데 놓여있었습니다. 바벨론 포로로 끌려가서 수치를 당하는 비천한 상황에 놓여있었습니다. 시편기자는 바벨론 포로와 같은 비천한 상황에 놓여있던 때를 기억해주신 하나님께 감사하라고 하였습니다.

과거에 우리는 죄와 사망으로부터 묶여있던 사람이었습니다. 사탄의 종노릇을 하며 영원한 지옥으로 가야만하는 사람들이었습니다. 바울은 죄 가운데 있는 자신을 발견하고 괴로워하며 몸부림을 칩니다. "이 사망의 몸에서 누가 나를 건져낼 것인가?" 그때 바울은 자신을 죄로부터 해방시켜주신 하나님께 감사를 드립니다. 그렇습니다. 우리를 죄와 사망에서 건져주시는 분은 오직 우리 하나님이십니다. 그래서 바울은 자신을 죄와 사망의 법에서 해방시켜주신 하나님께 감사를 드리고 있습니다.

우리가 감사해야 할 제목가운데 하나는 우리를 죄 가운데서 구원해주신 하나님께 감사하는 것입니다. 십자가에 달려죽으신 주님의 구원의 은총에 감사하는 것입니다.

나눔의 시간

1. 본문에서 가장 마음에 와 닿은 말씀은 무엇입니까?

_____

_____

_____

_____

2. 왜 그 말씀이 가장 마음에 와 닿는다고 생각합니까?

_____

_____

_____

_____

3. 한 주간 동안 실천해야 될 말씀은 무엇입니까?

_____

_____

_____

_____

함께 공유할 기도제목

개인	
가정	
교회	
직장	

제47과

두려워하지 말라

성경: 마태복음14:22~33

찬송: 401장   399장

> "예수께서 즉시 손을 내밀어 그를 붙잡으시며 이르시되 믿음이 작은 자여 왜 의심
> 하였느냐 하시고 • 배에 함께 오르매 바람이 그치는지라 • 배에 있는 사람들이 예수께
> 절하며 이르되 진실로 하나님의 아들이로소이다 하더라" (31~33절)

　예수님은 수많은 군중들을 오병이어의 기적을 통하여 배불리 먹이셨습니다.
그리고 난 후, 제자들을 강 건너편 벳새다 지역으로 건너가도록 재촉을 하셨습니
다. 그렇다면 왜 예수님께서 제자들을 강 건너 편으로 건너가도록 재촉하셨을까
요?

　그 첫 번째 이유는 예수님께서 한적한 곳에서 기도하시며 쉬시기를 원하셨기
때문입니다. 예수님은 기도의 우선순위를 놓지 않으려고 했던 것입니다. 두 번째
이유는 군중들이 예수님을 왕으로 삼으려고 했기 때문입니다. 그래서 예수님은
그 자리를 피하셨던 것입니다. 그런데 예수님께서 한적한 곳에서 기도하시는 동
안 제자들은 갑자기 일어난 돌풍으로 인하여 고난을 당하고 있었습니다.

▣ 제자들은 풍랑으로 고난을 당합니다.

　제자들이 이미 배를 타고 건너편으로 떠난 지 오랜 시간이 지났습니다. 그런

데 아직도 목적지에 도착하지 못하고 약 5km쯤 가다가 거센 풍랑을 만나 고난을 당하고 있었던 것입니다. 갑자기 불어온 돌풍으로 인하여 풍랑과 싸우고 있었던 것입니다.

우리가 이 세상을 살다보면 예기치 않은 인생의 돌풍을 만나기도 합니다. 가정과 직장, 사업, 국가, 경제 등의 위기의 돌풍을 만나기도 합니다. 사업에 부도 위기의 돌풍, 행복했던 가정 위기의 돌풍, 건강의 돌풍을 만나기도 합니다. 갑자기 불어오는 돌풍은 우리가 예측하기가 어려운 것입니다. 그러나 그런 돌풍도 주님의 권세 있는 이름 앞에 잔잔하게 됩니다.

■ 주님은 두려워하지 말라고 말씀하십니다.

제자들이 바다 위에 일어나는 풍랑으로 인하여 고난을 당하고 있을 때 예수님은 밤 사경에 물위로 걸어오고 계셨습니다. 밤 사경이면 우리 시각으로 새벽 3시부터 6시까지를 가리킵니다. 그 새벽시간에 예수님께서 바다 위로 걸어오신 것입니다. 그 광경을 지켜본 제자들이 깜짝 놀라면서 무서워하여 유령이라고 소리를 질렀습니다.

그때 예수님께서 즉시 말씀하셨습니다. "안심하라 내니 두려워 말라!" "안심하라"는 말씀은 위로와 격려의 말씀입니다. 우리의 인생에 예기치 못한 풍랑이 일지라도 문제없습니다. 염려할 필요도 없습니다. 왜냐하면 주님은 우리에게 피할 길을 주시며 우리의 길을 인도해 주시기 때문입니다. 그러므로 우리는 두려워하지 않는 담대한 믿음을 가져야 합니다.

■ 주님은 의심하지 말라고 말씀하십니다.

베드로가 바다위로 걸어오시는 예수님께 말씀을 드렸습니다. "주여, 만일 주님이시거든 나를 명하사 물위로 걸어오라고 해주십시오!" 그때 예수님께서 오라고 명령하셨습니다. 그래서 베드로가 과감하게 물위로 발을 내 딛고 걸었습니다. 그리고 예수님께 시선을 고정시키고 걸어간 것입니다.

그런데 베드로가 바람을 본 순간, 점점 물속으로 빠져 들어간 것입니다. 이것이 베드로의 믿음의 한계점이었습니다. 베드로는 예수님의 초자연적인 능력은 믿었으나 폭풍의 위협 앞에서 인내할 만한 믿음은 없었습니다. 그래서 결국 바다 속으로 빠져 들어가게 되었던 것입니다. 그때 예수님께서 베드로의 손을 붙잡으시고 "믿음이 작은 자여 왜 의심하였느냐" 하시면서 건져주셨습니다.

우리는 의심하지 않는 믿음이 필요합니다. 큰 믿음, 의심하지 않는 믿음, 확신하는 믿음을 가지고 예수님의 손을 붙잡아야 합니다. 예수님과 함께라면 폭풍이라도 문제가 되지 않습니다. 그분과 함께라면 어떤 문제라도 문제가 되지 않습니다. 그분은 모든 문제의 해결자가 되시기 때문입니다. 예수님께서 항상 우리 곁에 계시다는 것을 우리는 기억해야 합니다.

나눔의 시간

1. 본문에서 가장 마음에 와 닿은 말씀은 무엇입니까?

_____

_____

_____

_____

2. 왜 그 말씀이 가장 마음에 와 닿는다고 생각합니까?

_____

_____

_____

_____

3. 한 주간 동안 실천해야 될 말씀은 무엇입니까?

_____

_____

_____

_____

함께 공유할 기도제목

개인	
가정	
교회	
직장	

제48과

용서하시는 예수님

성경: 요한복음7:53~8:12

찬송: 218장 220장

"아침에 다시 성전으로 들어오시니 백성이 다 나아오는지라 앉으사 그들을 가르치
시더니 •서기관들과 바리새인들이 음행 중에 잡힌 여자를 끌고 와서 가운데 세우고
•예수께 말하되 선생이여 이 여자가 간음하다가 현장에서 잡혔나이다"(2~4절)

사람은 이 세상에 사랑 받기 위한 존재로 태어났습니다. 그리고 하나님으로
부터 복을 받기 위한 존재로 지음을 받았습니다. 그런데 인간이 타락하고 부패
하여 서로 축복하지 못하고 서로의 약점을 찾아내고 끌어내리는 습성을 가지고
살아가게 된 것입니다. 본문에 나오는 서기관들과 바리새인들이 그렇습니다.
그들은 예수님을 고발할 조건을 찾기 위하여 간음한 여자를 데려다가 시험을
한 것입니다.

■ 사람은 긍휼의 대상입니다.

예수님께서 감람산에서 예루살렘 성전으로 들어가실 때 많은 무리들이 말씀
을 듣기 위해 몰려들었습니다. 그리고 가르치려고 하는데 서기관들과 바리새인
들이 현장에서 간음하다 붙잡힌 여자를 억지로 끌고 왔습니다. 그리고 군중들
가운데 세우고 예수님께 고발을 한 것입니다. "선생이여!" "모세의 율법에는 이
러한 여자를 돌로 치라고 하였거니와 선생은 어떻게 말하겠나이까?" 그들은 매
우 의도적으로 예수님께 접근하였습니다.

구역예배공과

모세의 율법에는 현장에서 간음하다 붙잡힌 여자를 돌로 쳐서 죽이라고 명령하고 있습니다. 돌로 쳐서 죽이는 것은 이스라엘의 사형법 가운데 하나입니다. 그래서 그 여자는 돌로 쳐 죽임을 당해야만 하였습니다.

만약에 예수님께서 율법대로 돌로 치라고 말하면 평소에 사랑을 가르치셨기 때문에 사랑이 없는 자라고 공격할 구실을 주게 될 것입니다. 그 반대로 치지 말라고 말하면 율법을 어기는 자라고 고발할 것입니다. 그래서 서기관들과 바리새인들이 예수님을 앞뒤로 빠져나가지 못하도록 올무를 쳐놓은 것입니다. 그러나 사람은 정죄의 대상이 아니라 긍휼의 대상입니다. 예수님은 사랑과 긍휼로 용서해주십니다.

■ **용서의 근거는 십자가입니다.**

십자가는 사랑의 십자가입니다. 그 사랑의 십자가는 용서의 근거가 됩니다. 바리새인들과 서기관들은 현장에서 간음하다 붙잡힌 여자를 강제적이며 의도적으로 끌고 와서 예수님을 고발할 조건을 찾고자 하였습니다. 우리는 항상 선을 도모하는 삶을 살아야 합니다.

바울은 "모든 사람 앞에서 선한 일을 도모하라"고 하였습니다. 예수님께서 손가락으로 땅에 뭔가를 쓰셨습니다. 그리고 죄 없는 자가 먼저 돌로 치라고 말씀하셨습니다. 이 세상에 죄 없는 사람이 어디 있겠습니까? 그래서 사람들은 가책을 느꼈습니다. 그리고 어른으로부터 시작하여 젊은이들까지 그 자리를 다 떠나게 되었고 예수님과 그 여자만 남게 되었던 것입니다. 그리고 "가서 다시는 죄를 범치 말라"고 용서해 주셨습니다.

예수님은 죄를 묵인해주신 것이 아니라 용서해 주셨습니다. 그렇다면 예수님의 용서의 근거는 무엇일까요? 그것은 앞으로 지고 가실 십자가에 있었던 것입니다. 예수님의 십자가는 용서의 근거가 됩니다. 십자가 앞에서는 모든 죄가 용서되어지는 것입니다. 그 죄는 과거와 현재와 미래의 죄까지 포함하고 있습니다. 이것이 예수님의 십자가의 용서입니다.

■ 세상에 빛 된 자녀로 살아야 합니다.

예수님은 세상의 빛이라고 선언하셨습니다. 예수님은 신적인 권위로 간음한 여자의 죄를 용서해주시고 자신을 가리켜서 세상의 빛이라고 선언하셨습니다. 그를 따르는 자는 어둠의 일을 벗고 생명의 빛을 얻게 되는 것입니다. 예수님은 여자에게 다시는 죄를 범하지 말라고 말씀하십니다.

헬라어에 "하마르타노"는 현재진행형으로서 그동안 죄를 반복적으로 지어왔던 것을 의미합니다. 그 여자는 지금까지 습관적이며 반복적인 죄를 지어왔던 것 같습니다. 그동안 반복적인 죄악의 습성을 끊어버리고 빛의 자녀답게 살라는 것입니다. 혹시 어떤 습관적이고 반복적인 죄를 짓고 있지는 않습니까? 우리는 그런 죄를 결단하고 끊어버려야 합니다. 그리고 생명의 빛으로 나와야 합니다.

바울은 지금은 "자다가 깰 때가 벌써 되었다"고 교훈하고 있습니다. 낮에와 같이 단정하고, 그리스도의 옷을 입고 정욕을 위하여 육신의 일을 도모하지 말라고 교훈하고 있습니다. 거룩하고 성결한 삶을 살라는 것입니다. 그러므로 십자가의 은혜로 죄 용서함을 받은 우리 그리스도인들은 세상에 빛 된 자녀로 살아야 합니다.

나눔의 시간

1. 본문에서 가장 마음에 와 닿은 말씀은 무엇입니까?

2. 왜 그 말씀이 가장 마음에 와 닿는다고 생각합니까?

3. 한 주간 동안 실천해야 될 말씀은 무엇입니까?

함께 공유할 기도제목

개인	
가정	
교회	
직장	

12월

결산하는 신앙생활

· 곡식과 가라지의 비유

· 그러므로 깨어있으라

· 성탄을 맞는 자세

· 청지기의 자세

●●●

제49과

곡식과 가라지의 비유

성경: 마태복음13:24~30

찬송: 496장 180장

"예수께서 그들 앞에 또 비유를 들어 이르시되 천국은 좋은 씨를 제 밭에 뿌린 사람과 같으니 • 사람들이 잘 때에 그 원수가 와서 곡식 가운데 가라지를 덧뿌리고 갔더니"(24~25절)

마태복음 13장에는 천국의 비유가 나옵니다. 그 비유 가운데 하나가 곡식과 가라지의 비유입니다. 예수님은 곡식과 가라지의 비유를 들어서 천국을 설명하시는데 쉽게 이해할 수 있도록 이미지를 사용하십니다. 본문에 나오는 천국은 아직 완성되지 않은 현재적 천국을 설명하고 있습니다. 현재적인 천국에는 어떤 종류의 그리스도인이 있습니까? 그리고 마지막 때는 어떤 일이 일어납니까?

■ **현재적인 천국과 미래적인 천국이 존재합니다.**

첫째는 현재적인 천국이 있습니다. 현재적인 천국은 우리가 예수님을 믿는 순간부터 이 땅에서 이루어지는 천국입니다. 우리가 예수님을 믿으면 우리의 마음 가운데 천국이 임하게 됩니다. 예수님을 영접하는 순간, 주님께서 우리를 자녀로 삼아주십니다. 그리고 예수님이 우리 안에 들어오셔서 마음을 다스려주시는 주님의 통치권 아래로 들어가는 것입니다.

둘째는 미래적인 천국이 있습니다. 미래적인 천국은 죽음 이후에 이루어지는

구역예배공과

225

천국입니다. 그 천국은 완성된 완전한 천국입니다. 예수 믿는 사람은 그 천국에 들어가게 될 것입니다. 그 천국은 영원한 곳이며 낡아지거나 썩는 곳이 아니라 영원한 곳입니다.

그런데 예수님이 오심으로 현재적인 천국이 임했습니다. 그러나 그 천국은 지금 완성을 향해 가고 있습니다. 마치 조그만 겨자씨가 점점 자라서 새들이 깃들일 수 있을 만큼 성장해 가는 것처럼 성장해 가는 것입니다. 완전한 천국이 임할 때까지 우리의 믿음도 성장해가야 합니다.

■ 세상에는 두 종류의 그리스도인이 존재합니다.

현재적인 천국에는 두 종류의 그리스도인이 존재합니다. 첫째는 거짓 그리스도인이며, 둘째는 참 그리스도인입니다. 진짜와 가짜가 있다는 것입니다. 그러나 진짜와 가짜는 주님만이 판단하실 수 있습니다.

만약에 우리 자신이 예수님을 진정으로 영접을 하지 않았다면 우리는 참 그리스도인이 아닙니다. 우리가 교회를 출석하고 있고, 교회를 열심히 봉사하는 사람일 수는 있지만, 참된 그리스도인이 될 수 없다는 것입니다. 우리는 참된 그리스도인이 되어야 합니다.

천국은 마치 좋은 씨를 자기 밭에 뿌린 농부와 같습니다. 농부가 좋은 씨를 뿌립니다. 예수님은 농부가 되십니다. 좋은 씨는 천국의 자녀들을 가리킵니다. 그런데 밤중에 원수가 와서 가라지를 덧뿌리고 간 것입니다. 가라지는 악한자의 아들들을 가리킵니다. 그래서 곡식과 가라지가 함께 자라는 것입니다. 곡식과 가라지는 주님이 재림하실 때까지 공존합니다. 우리가 예수님을 마음에 구주로 영접할 때 참 그리스도인이 될 수 있습니다.

▣ 의인들은 천국에서 해와 같이 빛나는 존재입니다.

종들이 주인에게 묻습니다. "주님, 밭에 좋은 씨를 뿌리지 않았습니까?" "그런데 가라지가 어디서 생겼습니까?" 그때 종들이 주인에게 대답합니다. "원수가 이렇게 하였구나!" 종들이 주인에게 가라지를 뽑아버리기를 원했습니다. 그때 주인이 대답하기를 "가만 두어라!" "가라지를 뽑다가 곡식까지 뽑을까 염려하노라!" 추수 때까지 두라는 것입니다. 그래서 곡식과 가라지는 함께 자라는 것입니다.

우리가 이런 질문을 해볼 수 있습니다. 왜 하나님은 이 세상에 악이 공존하도록 내버려두시는가? 그 이유는 마귀를 멸하다가 자기 자녀들까지 다칠까봐서 마지막 때까지 놔두시는 것입니다. 그래서 마귀는 마지막 때까지 우는 사자처럼 활동을 하게 됩니다.

따라서 우리에게는 영적전쟁이 필요합니다. 그러나 마지막 때는 마귀를 불과 유황 못에 던져서 완전히 멸하실 것입니다. 그리고 거기서 세세토록 괴로움을 당하게 될 것입니다. 지옥이라는 곳은 한 순간의 고통으로 끝나는 곳이 아닙니다. 천국의 기쁨이 영원한 것처럼 지옥의 고통도 영원한 것입니다. 지옥은 영원한 형벌이 있는 곳입니다. 그러나 의인들은 아버지의 나라에서 해와 같이 찬란하게 빛나게 될 것입니다. 그러므로 우리는 그날을 사모하며 어떤 어려움과 고난도 이겨내며 나가야 합니다.

나눔의 시간

1. 본문에서 가장 마음에 와 닿은 말씀은 무엇입니까?

....

....

....

....

2. 왜 그 말씀이 가장 마음에 와 닿는다고 생각합니까?

....

....

....

....

3. 한 주간 동안 실천해야 될 말씀은 무엇입니까?

....

....

....

....

함께 공유할 기도제목

개인	
가정	
교회	
직장	

제50과
그러므로 깨어있으라

성경: 마태복음24:32~44

찬송: 175장   176장

> "무화과나무의 비유를 배우라 그 가지가 연하여지고 잎사귀를 내면 여름이 가까운
> 줄을 아나니 • 그러나 그날과 그때는 아무도 모르나니 하늘의 천사들도, 아들도 모르
> 고 오직 아버지만 아시느니라 • 이러므로 너희도 준비하고 있으라 생각하지 않은 때
> 에 인자가 오리라"(32,36,44절)

우리 그리스도인은 종말과 재림이 있다는 사실을 믿습니다. 왜냐하면 성경
이 그렇게 증거하고 있기 때문입니다. 종말이 있다는 사실을 믿어야 우리의
믿음의 출발이 이루어지는 것입니다. 오늘 본문에서 예수님은 재림의 시기에
대한 비유를 말씀하고 있습니다. 그리고 우리 그리스도인들이 어떤 자세로 살
아야 할 것인가를 가르쳐주고 있습니다.

■ 무화과나무 비유를 들고 있습니다.

예수님은 무화과나무의 비유를 배우라고 말씀하십니다. 무화과나무의 비유
는 영적인 의미를 담고 있습니다. 가지가 부드러워지고 잎이 나오면 여름이
가까운 줄 알라고 하셨습니다. 팔레스타인에 있는 대부분의 나무들은 일 년
내내 푸른 잎을 유지하고 있습니다. 그런데 무화과나무는 예외적인 나무입니
다. 무화과나무는 겨울이 되면 잎이 다 떨어집니다. 그리고 봄이 되면 수액이

올라오면서 가지가 부드러워지고 잎을 내기 시작합니다. 그래서 가지가 부드러워지고 잎이 나오면 여름이 가까운 줄 알라고 말씀하신 것입니다. 이런 현상을 보면 주님이 점점 문 앞에 가까이 이른 줄 알라는 것입니다.

예수님은 이 세대가 지나가기 전에 이런 일들이 일어날 것이며, 천지는 없어질지라도 내 말은 없어지지 않는다고 말씀하셨습니다. 예수님의 재림의 확실성과 임박성을 말씀해주신 것입니다. 그리고 예수님께서 재림의 시기에 대해서는 "그날과 그때는 아무도 모르며 하늘의 천사들도 모르고 아들도 모르고 오직 아버지만 아신다"고 말씀하셨습니다.

이단의 특징이 있습니다. 그들은 주로 재림의 시기를 언급합니다. 그리고 성도들을 유혹합니다. 그러나 재림의 시기는 아무도 모르며 오직 아버지만 아십니다. 그러므로 우리 그리스도인들이 지향해야 할 삶은 종말에 집착하는 삶이 아니라 겸손과 신실한 신앙의 자세를 가지고 살아야합니다.

■ 노아의 때를 말씀하고 있습니다.

마지막 때는 노아의 때와 같다고 말씀하고 있습니다. 노아의 때에 어떤 일이 있었습니까? 예수님은 홍수사건을 통하여 경각심을 불러 일으켜주고 있습니다. 노아 때의 홍수심판은 하나님의 최후의 심판의 모형을 보여주고 있습니다. 창세기에 보면 노아홍수 시대의 사람들이 어떤 모습을 하고 있었습니까?

노아가 120년 동안 방주를 지어서 들어가던 날까지 사람들이 세상에 도취되어 있었습니다. 그 도취된 삶이 먹고 마시고 시집가고 장가가는 일이었습니다.

그들이 얼마나 세상에 도취되어 살아갔던지 홍수가 나서 그들을 멸하기까지 깨닫지 못했던 것입니다. 주님께서 말씀하시기를 "인자의 임함도 그러하리라"고 하셨습니다.

한번 생각해 보십시오! 그 시대의 사람들이 얼마나 강퍅했으면 노아가 120년 동안 산꼭대기에 방주를 지으면서 의의 말씀을 외쳐도 요동하지 않았겠습니까? 결과적으로 노아의 가족 외에는 구원을 받은 자가 한 사람도 없었다는 것은 놀라운 사실입니다.

노아 시대의 특징이 있습니다. 첫째, 노아시대의 사람들은 영적으로 둔감했습니다. 그래서 깨닫지 못했던 것입니다. 둘째, 홍수심판 사건은 불현듯이 일어난 사건이었으며 오랫동안 노아를 통해서 예고된 사건이었습니다. 그렇지만 사람들은 믿지 않았던 것입니다. 그래서 영적으로 준비되지 않은 사람들에게는 불현듯이 임한 사건이 되었습니다. 예수님의 재림도 그렇다는 것입니다. 영적으로 깨어있지 않은 사람들에게는 불현듯이 임한 사건이 될 것입니다.

셋째, 홍수사건은 예측불허의 사건이었습니다. 마찬가지로 예수님의 재림을 대비하지 않은 사람들에게는 예측불허의 사건이 될 것입니다. "그러므로 깨어있으라"고 주님은 말씀하십니다.

그렇다면 우리가 어떻게 깨어있는 삶을 살 수 있을까요? 첫째는 충성되고 지혜 있는 종처럼 살아가야 합니다. 둘째는 열 처녀처럼 만반의 준비를 하며 살아가야 합니다. 셋째는 달란트를 남긴 종처럼 충성하며 살아가야 합니다. 넷째는 사랑을 실천하며 살아가야 합니다.

나눔의 시간

1. 본문에서 가장 마음에 와 닿은 말씀은 무엇입니까?

2. 왜 그 말씀이 가장 마음에 와 닿는다고 생각합니까?

3. 한 주간 동안 실천해야 될 말씀은 무엇입니까?

함께 공유할 기도제목

개인	
가정	
교회	
직장	

제51과

성탄을 맞는 자세

성경: 마태복음2:1~12

찬송: 118장   122장

"헤롯 왕 때에 예수께서 유대 베들레헴에서 나시매 동방으로부터 박사들이 예루살렘에 이르러 말하되 •유대인의 왕으로 나신 이가 어디 계시냐 우리가 동방에서 그의 별을 보고 그에게 경배하러 왔노라 하니 •헤롯왕과 온 예루살렘이 듣고 소동한지라"(1~3절)

인터넷에 이런 감동적인 캠페인의 글이 있는 것을 보았습니다. "크리스마스 주인공은 예수님입니다!" "크리스마스의 참된 의미를 기억합시다!" "크리스마스의 참된 의미를 담은 문화를 만들어갑시다!" 매우 바람직한 캠페인이라고 생각합니다. 매년마다 성탄절이 다가오면 거리마다 현란한 장식과 화려한 불빛들로 가득합니다. 성탄절처럼 거의 전 세계가 즐거운 축제로 보내는 날도 없을 것입니다. 사람들의 마음은 들뜨고 흥겨운데 그러나 진정한 성탄절의 의미는 점점 잊혀져가고 퇴색되어 가는데 문제가 있습니다. 잘못된 문화로 변질되어가고 상업화 되어가고 있습니다. 잘못된 주인공들이 주인공 행세를 하고 있습니다. 그렇다면 우리가 어떻게 성탄절을 맞이해야 할까요?

■ 겸손하게 맞이해야 합니다.

우리가 아기 예수님의 탄생을 통해서 배우는 것은 겸손입니다. 예수님은 탄생부터가 겸손함으로 오셨습니다. 예수님의 출생지가 베들레헴입니다. 베들레헴은 아주 작고 보잘 것 없으며 초라한 동네입니다. 예수님은 낮은 자리로 내려오신 것입니다. 현대인들은 뭐니 뭐니 해도 '머니'(Money)를 좋아합니다. 모든 것이 대형화 되어가고 있으며 복잡성을 띠어가고 있습니다.

그러나 예수님은 출생부터가 초라하며 단순한 삶을 사셨습니다. 그 고귀하신분이 베들레헴 아주 작은 동네 중에서도 냄새나고 지저분한 구유에서 태어나셨다는 것은 우리에게 큰 도전을 줍니다. 하늘 영광 보좌에 앉아계셔야 할 분이낮아지고 또 낮아지신 것입니다. 예수님은 가장 낮은 자리, 겸손한 자리로 내려오신 것입니다.

■ 참된 가치를 발견해야 합니다.

동방박사들이 별을 연구하다가 갑자기 별이 움직이는 것을 보았습니다. 그래서 동방박사들이 별을 따라 움직인 것입니다. 동방박사들이 어둠과 추위를 이겨내면서 긴 여행을 마치고 마침내 예루살렘에 도착하게 되었습니다. 그런데 그별이 앞서 가다가 아기 예수님이 계신 곳에 멈추게 되었습니다. 그때 동방 박사들은 그 별을 보고 가장 크게 기뻐하고 기뻐하였습니다(10절).

왜 동방박사들이 그토록 별이 멈춰 선 것을 보고 기뻐하였을까요? 그 이유는메시야가 탄생하신 곳을 찾았기 때문입니다. 그리고 메시야를 만날 수 있다는기쁨과 감격 때문에 흥분했던 것입니다. 동방박사들이 별이 멈춘 장소에서 아기예수님을 만날 수 있다는 기쁨이 있었다는 것은 동방박사들의 가치를 발견했기때문입니다. 그래서 동방박사들은 아기 예수님을 만나기 위해서 고난을 참고 사막을 가로질러 왔습니다. 예수님 때문에 기뻐하고 감격하고 흥분한 것입니다. 우리 인생의 최고의 가치는 예수님입니다.

■ 헌신하는 자세를 가져야 합니다.

동방박사들이 별이 멈춘 곳에서 아기 예수님을 만나게 됩니다. 그리고 아기 예수님께 경배를 드립니다. 그리고 자신들이 가지고 온 보배합을 열어서 세 가지 예물, 즉 황금과 유향과 몰약을 드립니다. 황금과 유향과 몰약과 같은 값지고 소중한 것을 드렸다는 것은 곧 헌신을 의미합니다. 나누고 베풀어준 것입니다. 나누고 베풀어주는 정신이 없으면 절대로 남에게 주지 못합니다.

욕심쟁이는 먼 거리를 찾아와서 황금덩어리를 베풀만한 여유가 없습니다. 여기에 동방박사들의 나누고 베풀어주고자 하는 헌신과 경배가 있습니다. 막달라 마리아는 300데나리온 나가는 값비싼 향유를 예수님의 머리에 부어드렸습니다. 이것이 헌신이요 섬김입니다. 경배는 곧 헌신으로 이어져야 합니다. 참된 예배에는 반드시 헌신이 들어있습니다. 헌신이 없는 예배는 무의미합니다. 그러므로 참된 예배는 반드시 헌신으로 이어져야 합니다.

나눔의 시간

1. 본문에서 가장 마음에 와 닿은 말씀은 무엇입니까?

_____

_____

_____

_____

2. 왜 그 말씀이 가장 마음에 와 닿는다고 생각합니까?

_____

_____

_____

_____

3. 한 주간 동안 실천해야 될 말씀은 무엇입니까?

_____

_____

_____

_____

함께 공유할 기도제목

개인	
가정	
교회	
직장	

• • •

제52과

청지기의 자세

성경: 마태복음24:45~51

찬송: 212장   320장

"충성되고 지혜 있는 종이 되어 주인에게 그 집 사람들을 맡아 때를 따라 양식을 나눠 줄 자가 누구냐 • 주인이 올 때에 그 종이 이렇게 하는 것을 보면 그 종이 복이 있으리로다"(45~46절)

우리 그리스도인들은 주님이 언제 임하실지 알 수 없기 때문에 항상 깨어있는 자세로 종말을 대비하며 살아가야 합니다. 주님의 재림은 아버지만 아시는 비밀입니다. 그렇지만 예수님은 때가 임박해 오고 있으며 또한 종말의 때가 되면 여러 가지 미혹들이 난무할 것이기 때문에 깨어있으라고 경고하고 있습니다. 그렇다면 우리 그리스도인들이 가져야 할 청지기적 자세는 어떤 것일까요?

■ 충성되고 지혜 있는 종이 되어야 합니다.

종은 충성과 지혜가 있어야 합니다. 종에게 요구되는 것은 충성과 지혜입니다. 만약에 종에게 충성만 있고 지혜가 없다면 우둔한 종이 될 것입니다. 반대로 종에게 지혜만 있고 충성이 없다면 잔머리를 굴리는 종이 될 것입니다. 그러므로 종에게는 충성과 지혜가 있어야 합니다. 종은 "청지기"를 가리킵니다. 청지기는 "집을 맡은 자"라는 뜻입니다. 청지기는 주인의 신임을 받은 자로서 집

구역예배공과

안의 제반 업무를 관장하며 주인을 대신하여 다른 종들을 관장하는 직분입니다. 주인의 재산으로부터 시작하여 모든 집안의 살림을 책임 맡는 자리입니다.

종은 오늘날 교회의 일꾼들을 가리킵니다. 일꾼이 갖추어야 할 조건들은 충성과 지혜입니다. 첫째는 충성을 구해야 합니다. 둘째는 모든 지혜로 가르치고 권면하는 자가 되어야 합니다. 그리고 일꾼은 말씀의 부자가 되어야 합니다. 내면의 저장고에 말씀을 풍성히 저장하여 지혜로 가르치고 권면하는 종이 되어야 합니다.

■ **불충성하는 종이 되어서는 안됩니다.**

오늘 본문에서는 충성되고 지혜 있는 종과 그 악한 종을 비교하고 있습니다. 악한 종은 주인이 더디 올 것이라고 생각을 했습니다. 악한 종이 잘못을 저지른 동기는 주인이 더디올 것이라는 잘못된 생각 때문이었습니다. 왜 그리스도인들이 불충성합니까? 그 이유는 예수님의 재림이 아직 멀었다고 생각하기 때문입니다. 그리고 재림에 대한 경각심이 없기 때문입니다.

악한 종은 주인이 더디 올 것이라고 생각을 하고 자기 지위를 남용해서 충성된 동료를 때렸습니다. 시기와 질투를 하고 충성하지 못하도록 방해를 한 것입니다. 그리고 주인의 재산을 축내면서 술친구들과 더불어 먹고 마시면서 보냈습니다. 그래서 예수님은 이런 종을 악한 종이라고 했던 것입니다. 예수님은 우리가 생각지 않은 때에 불현듯이 오실 것입니다.

지금 우리 한국교회의 모습은 어떻습니까? 이 시대적인 사명을 감당하고 있습니까? 지금 나의 모습은 어떻습니까? 충성된 청지기로 살아가고 있습니까? 베드로는 "선한 청지기 같이 서로 봉사하라"고 가르치고 있습니다. 그러므로 우리는 충성된 청지기들이 되어야 합니다.

■ 심판이 있다는 사실을 기억해야 합니다.

불충성한 종은 주인이 더디 올 것이라는 판단 하에 잘못된 행동을 취합니다. 왜 사람들이 방탕한 삶을 살까요? 그것은 주님의 말씀에 대하여 무지하기 때문입니다. 성경에 대한 잘못된 지식은 잘못된 행동을 낳게 됩니다.

예수님은 우리가 생각지 않은 날, 우리가 알지 못하는 시각에 갑자기 임하실 것입니다. 그리고 엄한 심판이 임할 것입니다. 여기서 "엄히 때린다"는 뜻은 "두 조각을 낸다"는 뜻입니다. 이 심판은 마치 희생제물을 둘로 쪼개는 것과 같이 가공할 만하고 경악스러운 고통과 절망을 당하게 된다는 것입니다. 이것이 예수님의 경고의 말씀입니다.

오늘 본문을 통해서 주님은 우리에게 어떤 종이 되어야 할 것인가를 가르쳐 주고 있습니다. 주인의 집에 있는 집 사람들을 맡아 때를 따라 양식을 나누어주는 충성되고 지혜로운 종이 되라는 것입니다. 그래서 주님이 오실 때에 칭찬을 받으며 더 많은 신임을 받는 종이 되라는 것입니다. 그러므로 우리 그리스도인들은 마지막 때에 심판이 있다는 사실을 기억하고 충성된 청지기의 자세를 가지고 살아야 합니다.

나눔의 시간

1. 본문에서 가장 마음에 와 닿은 말씀은 무엇입니까?

_____

_____

_____

2. 왜 그 말씀이 가장 마음에 와 닿는다고 생각합니까?

_____

_____

_____

3. 한 주간 동안 실천해야 될 말씀은 무엇입니까?

_____

_____

_____

함께 공유할 기도제목

개인	
가정	
교회	
직장